贺梦依 曾羽 袁小松 张艳 著

黄齐生研究

RESEARCH ON HUANG QISHENG

社会科学文献出版社
SOCIAL SCIENCES ACADEMIC PRESS (CHINA)

前　言

1946 年 4 月 19 日，中共中央在延安机场为“四八烈士”举行追悼会，董必武同志有诗作《悼念黄齐生》曰：“黔中教育茁新芽，人道先生第一家。爱护贤甥终共命，几回忆及总咨嗟。”这其中的“爱护贤甥终共命”指的就是舅舅黄齐生和外甥王若飞的“千古舅甥情”。王若飞是我党早期杰出的领导人、杰出的共产主义先驱和老一辈无产阶级革命家，同时也是“100 位为新中国成立作出突出贡献的英雄模范人物”之一。但是，贵州、中国历史上不仅有王若飞，其实还不应忘记“黄齐生”这个高尚的名字！可以说，没有黄齐生，就没有王若飞，是黄齐生抚育和成就了中国革命栋梁王若飞。他们的舅甥情谊堪称典范，令人景仰。

然而，当翻开历史的悠悠画卷，我们发现黄齐生的历史贡献绝不只是培养了无产阶级革命家王若飞。毛泽东同志曾高度评价黄齐生：共产党最艰难的时候党外人士同情、爱护党最早的一人。黄齐生是中国近现代著名教育家和爱国民主人士，他出生在一个大厦将倾、社会衰落、民生凋敝的晚清旧中国，秉承了自古以来知识分子“忧道不忧贫”的高尚情怀，笃志于救亡图存、富国强民。他为国奔走，上下求索，直至为国捐躯。从贵州走进中国历史浩荡画卷的黄齐生，是我们不可忘却而始终值得学习、研究的伟大先贤。黄齐生先生的一生，是传奇的一生，更是光辉、光荣的一生。习近平总书记历来高度重视党史、新中国史、改革开放史、社会主义发展史的学习和研究。2021年2月20日，党史学习教育动员大会在北京召开，习近平总书记发表重要讲话，强调：全党同志要做到学史明理、学史增信、学史崇德、学史力行。学习和研究黄齐生先生，从他的身上汲取榜样和信仰的力量，是我们当前构筑精神高地、服务当代建设的时代需求。

为了能尽量全面、丰满、生动、客观地展现历史人物黄齐生，我们开展了扎实的人物访谈、实地调查和文献检索与分析等研究活动。2020年12月，我们专程赴北京，采访了王若飞之孙王强大校和黄齐生侄孙媳——黄晓庄之妻陈复君教授。王强大校、94岁高龄的陈复君教授深情回顾了黄齐生、王若飞的有关历史记忆和在延安与毛主席的交往点滴。同时，我们也赴安顺与研究黄齐生的专家学者开展了多次座谈和访谈。在实地调查方面，我们赴北京国家档案局、上海中华职业教育社旧址、贵州省图书馆、贵阳市档案馆、贵阳市达德学校旧址、安顺市王若飞故居、安顺市黄齐生故居、遵义师范学院档案馆、遵义市习水县土城镇袁咨桐故居等地开展实地考察，收集相关研究资料，收集到了很多宝贵的第一手文献资料，为研究工作的顺利推进创造了必要条件。黄齐生先生的一生跌宕壮阔，其精神内蕴高妙绝伦，其才华风度让人景仰。虽然我们是地道的“贵州人研究贵州人”，但是，我们每每走进有关他的热土，每每翻阅有关他的文章，每每在脑海中浮现出他长须飘拂的凛然之貌，都感到心灵的震撼！黄齐生先生的高尚精神与伟大功绩，与壮丽多彩的黔山秀水同在！

本书除绪论外，共分五章。第一章为黄齐生的哲学思考，主要论述黄齐生对宋明儒家朱子、王阳明“格物致知”论进行反思后，提出了自己“天行健，君子以自强不息”的思考。第二章是黄齐生的民主革命探索，叙述了黄齐生从一个改良派到革命派，从一个旧民主主义革命者到新民主主义革命者的彻底转变，最终认定“只有中国共产党才能救中国”，直至最后为国牺牲生命。第三章探讨的是黄齐生的教育思想。黄齐生毕生躬身践行教育救国理想，不为高官厚禄所动，通过致力于职业教育、平民教育，与黄炎培、梁漱溟、陶行知等贤达挺立潮头，共图教育救国。第四章论述的是黄齐生的文艺修养与文艺实践。在投身革命事业和教育救国过程中，黄齐生始终高扬文艺的旗帜，挥洒翰墨，诗词遣兴，针砭时弊，以戏化人，展现出突出的浪漫主义情怀、正气凛然的君子风度和士大夫风骨。最后一章归纳和提炼了黄齐生精神。黄齐生“博学笃志、上下求索、教育报国、爱党敬党”的精神，是他留给我们的宝贵精神财富。

我们希望通过对黄齐生生平事迹的挖掘和整理，丰富中国近现代史、中国革命史的理论研究成果，激励后辈赓续红色血脉，立万丈虹霓志，育博古通今才，做经世致用功！

著　者

2021 年 11 月于筑城阿哈湖畔

目　录

绪　论

共产党最艰难的时候党外人士同情、爱护党最早的一人[①]——这是毛泽东同志对黄齐生先生的评价。

黄齐生是中国近现代著名教育家与爱国民主人士，是中国共产党早期杰出领导人王若飞同志的舅父。他心怀救国之志，致力于教育事业，毕生追求光明，响应党的号召，是中国近现代著名教育家、爱国民主人士的杰出代表。黄齐生一生经历了旧民主主义革命和新民主主义革命两个时期，他曾于中国革命的艰难时刻两赴延安，见证了中国共产党在民主革命和民族解放中的巨大贡献，并最终以自己的实际行动做出了面对真理的抉择，表达了对党的赤诚拥护。黄齐生于特殊时代背景下形成的丰富精神与思想，是贵州引以为傲的宝贵文化财富。

一　研究对象简介

黄齐生，1879 年出生于贵州安顺幺铺的青苔堡村，祖籍江西抚州，原名黄禄祥，又名鲁连，字齐生，号青石，晚年号石公，早年著述中曾署名倜傥生。40 岁以后只以齐生自称，治印“石公”。

黄齐生没有接受过系统的学历教育，他凭借自己的过人天资与超乎常人的刻苦努力，成为一名学术涵养精深、道德情怀高尚的“饱

① 《爱国民主人士　贵州教育家黄齐生先生》，贵阳市档案馆，1998，第 54 页。

图1　黄齐生先生铜像
（摄于安顺市黄齐生陈列馆，2021年11月）

学之士”。他毕生追求真理，献身教育，投身革命。1903年任贵阳“群明社”总经理。1904年，为支持贵州私立民办学校的发展，他毅然辞职并参与达德学校的创办工作，到达德学校任教，开始了他的教育生涯。同年，黄齐生将外甥王若飞接到贵阳抚育，并送达德学校学习。从此，黄齐生的命运与王若飞交织在一起，并相伴始终，谱写了一段互相鞭策、追求真理、风雨同舟、血脉相连的千古舅甥亲情佳话！黄齐生既对王若飞有抚育救助之恩，也是王若飞的成长导师。王若飞被接到贵阳上学之时，“八岁不识字”[①]，“满头癞疮，状类白痴”[②]，黄齐生亲自对其抚育教诲并倾注了满腔心血。在黄齐生的关怀和教导下，王若飞进步显著，被学校评为“最优等生”，连跳两级进入高等小学。正是由于黄齐生的早晚教习、解惑答疑，王若飞学习成绩大为提高，思想意识越发活跃，为其后来参加革命奠定了良好的

① 黄齐生：《王若飞行述》，原载于1946年9月3日《新华日报》副刊。
② 马骏杰：《黄齐生王若飞：千古两舅甥》，《名人传记》2007年第12期。

素养基础。可以说，没有黄齐生的无私付出和倾力栽培，就没有后来的中国革命栋梁之一的王若飞。黄齐生不仅是王若飞的舅舅，更是影响他一生的老师。当然，黄齐生后来坚定对中国共产党的支持和爱护，也是因为王若飞的巨大影响，也可以说，如果没有王若飞，黄齐生后来的思想及认识也不会发生那么深刻的变化。王若飞不仅是黄齐生的外甥，也是对他影响至深的战友。黄齐生培养和成就了王若飞，王若飞引导和影响了黄齐生。他们的舅甥情谊，在贵州、在中国被传为佳话，是中国革命史上的一段“千古舅甥情”。黄齐生的为人风范以及他对中国革命事业的贡献，堪称楷模，彪炳史册，令人景仰。

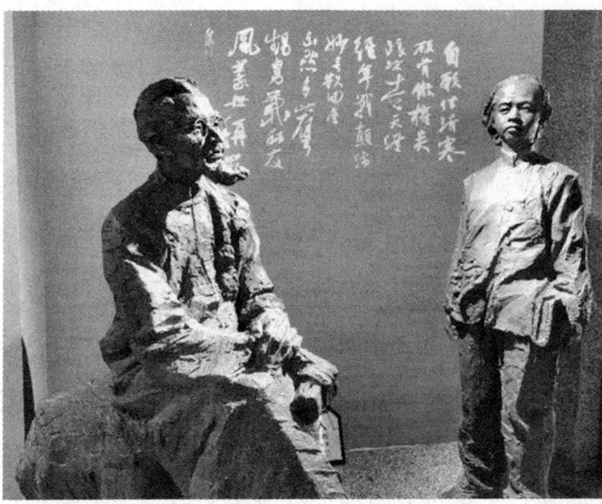

图 2　黄齐生与王若飞塑像

（摄于安顺市王若飞故居陈列馆，2021 年 11 月）

黄齐生是贵州近现代民主革命和教育改革的先驱之一。他倡导女学，开贵州女子教育之先河。他于 1926 年 8 月任贵州省立第三中学（即今遵义师范学院前身）校长，黔北诸多进步学生得其亲炙，成就斐然。他先后带领学生赴日本、欧洲勤工俭学，师夷长技，考察国外民主革命现状。在国内民主革命运动风起云涌之际，他两赴延安，受到了毛泽东等中共领导人的热情接待。他亲见亲闻了根据地军民的抗日热情和救亡工作，声若洪钟四处宣讲进步革命主张；回到贵州后，他不惧国民党当局恐吓，积极宣传中共的抗日主张，揭露国民党消极抗日积极反共的阴谋，展现了一名革命志士的斗争勇气。据当时人回忆，黄老先生尽管须发皆白，但精神矍铄，声音洪亮，讲解生动，他在演讲台上从容不迫，将共产党领导八路军英勇抗日的经过娓娓道来，并向大家介绍八路军的战术战法，号召全国各族人民团结一致打击日本侵略者。他的演讲感人肺腑，给听他演讲的人民群众留下了深刻的印象，为坚定民众的抗日决心起到了极为强烈的推动作用。

黄齐生在长期的人生实践中，思想也在不断发生着变化，最终从一个纯粹主张教育救国的民主人士转变为一个拥护中国共产党方针政策的新民主主义革命者。在党的积极影响下，他深刻认识到只有共产党才能够救中国，只有在共产党的领导下，一切文化教育集团才能发挥真正的革命救国作用。[①] 1944 年，黄齐生终于做出了他人生中的一个重大决定，决意赴延安长久居住。在他到达延安之后，毛泽东主席亲自前来看望，并与他深切交谈。随后，党中央安排他到延安各地演讲。黄齐生此次在延安期间的经历，尤其是共产党政府的廉洁高效和根据地军民的精神面貌，与国统区萎靡贪腐的气息截然不同，这使他深受鼓舞，更加坚信自己的选择是正确的，中国未来的命运必定会掌握在人民手中。到了重庆后，他在欢欣激奋的心情中，将自己在延安的所见所闻向身在重庆的各党派民主人士进行了通报，鼓励大家要团结一致，为全中国的人民民主而斗争。

① 戴明贤、李晓：《石公黄齐生——黄齐生的故事》，安顺经济技术开发区，2018，第 27 页。

1946年2月10日晨，国民党特务以破坏政协决议、坚持独裁内战、践踏人民民主权利为目的，在重庆较场口发动了一起残害民主党派和无党派人士的血案，李公朴、郭沫若、陶行知、章乃器、马寅初等知名民主人士和新闻记者及劳协会员60余人被打伤，这就是震惊中外的“较场口事件”。“较场口事件”的消息传出以后，广大人民群众和进步人士对国民党反动派的倒行逆施极为愤慨。3月，黄齐生被延安各界推举为代表前往重庆慰问在“较场口事件”中被特务打伤的李公朴、郭沫若等爱国民主人士，黄齐生慨然允诺，不顾危险前往重庆，将延安各界军民的慰藉关怀之情送达各位爱国人士心间，勉励他们要为建设民主的中国继续奋斗。4月8日，黄齐生与王若飞、博古、叶挺等人从重庆返回延安途中，所乘飞机不幸坠毁。噩耗飞传，举国悲痛，重庆、上海和延安等地群众集会沉痛悼念黄齐生等烈士，毛主席亲自致悼辞。4月19日，中共中央在延安机场举行追悼大会，董必武同志作《悼念黄齐生》诗一首：“黔中教育茁新芽，人道先生第一家。爱护贤甥终共命，几回忆及总咨嗟。”生动表达了对黄齐生先生不幸罹难的深切惋惜；毛泽东同志为“四八烈士”亲笔题词“为人民而死虽死犹荣”，表达了党对黄齐生等“四八烈士”的高度评价。黄齐生生前曾亲笔题诗预言中国的命运，诗云：“试看疾雨狂飙后，尽有光风霁月来。”在黄齐生和王若飞等烈士殉难三年半之后，他的预言实现了。从1840年起无数仁人志士为之奋斗、为之牺牲的新中国终于诞生了，而终生为民主革命事业奋斗的教育家、爱国民主人士黄齐生已载入史册，永垂不朽！

黄齐生是一名兼具传统文人气质与革命主义情怀的教育家与爱国民主人士。在终生投身民主革命，为国奔走、为国操劳、为民众呼喊、为真理奋斗的同时，展现出了其非凡的个人修养与丰富的思想精神。他国学底蕴深厚，传统文化涵养精深，对中国传统哲学积极继承开新，见解不凡；他毕生钟情教育，敢于大胆融合贯通中西教育理念，提倡男女平等接受教育，积极参与促进新文化运动，参与和推动贵阳达德学校的创办与发展，积极投身平民教育、乡村教育与职业教育，推动和促进了贵州近代教育面貌焕然一新，在为贵州培养出大批优秀人才的同时，他和陶行知、黄炎培等教育名家多有交流，对全国教育事业发展贡献了贵州智慧与贵州力量，最终成为影响中国近现代教育发展的一代大家；他能诗能文，思想开明，视野开阔，品德高尚，将正气凛然的精神与平易清新的文采注入他的文艺作品，高举文艺旗帜，在诗词楹联、散文、文论、戏剧、书画等方面佳作频出，著作等身，展现出卓越的文艺修养与文艺才华，成为贵州革命史上一名文艺“旗手”。黄齐生先生的革命与教育经历，以及其展现出的高尚人格及丰富精神，足以让全体贵州人民引以为傲。

二　研究意义

走进新时代，按照习近平总书记“用好红色资源，赓续红色血脉”的重要指示要求，在伟大的中国共产党 100 周年华诞之际，中共贵州省委要求，一定要“坚持马克思主义在意识形态领域的指导地位，坚持以社会主义核心价值观引领文化建设，大力弘扬新时代贵州精神，围绕举旗帜、聚民心、育新人、兴文化、展形象的使命任务，在弘扬优秀传统文化上创造新经验，建设多彩贵州民族特色文化强省”。[①] 深入开展黄齐生相关研究，无疑是深化党史研究和贵州建设文化强省的客观要求。

黄齐生学养深厚、著作等身，是著名的学者；他投身教育，诲人不倦，是杰出的教育家；他四处奔走，丹心为国，是著名的爱国民主

① 中共贵州省委：《中共贵州省委关于制定贵州省国民经济和社会发展第十四个五年规划和二〇三五年远景目标的建议》，2020。

人士。在黄齐生身上，凝聚了中国传统知识分子优良品质与近现代民主人士的责任意识、时代担当和家国情怀。本书力图通过对其生平事迹的仔细考证及对其个人业绩、哲学思想、革命探索、教育思想、文艺修养等方面的探析，总结凝练出其精神及其当代价值，呈现一个更加丰满、真实、生动而全面的黄齐生形象，并为今后的黄齐生研究提供一定的启示和借鉴。在新的时代背景下，本书可以更多更好地为社会大众提供更为翔实的研究成果，激励和鞭策社会大众更多更好地学习和继承黄齐生等先辈英烈的崇高精神与优秀品德，进而教育引导广大干部群众不断提高政治判断力、政治领悟力、政治执行力，进一步增强对我党领导下的中国特色社会主义制度的认同，尤其是政治认同、思想认同、理论认同、情感认同，为实现人才强省战略，推进多彩贵州新未来建设与中国特色社会主义建设提供更大的精神动力与文化支撑。

敬往思来，追昔抚今！在庆祝建党 100 周年华诞之际，站在“两个一百年”的历史交汇点，在我国脱贫攻坚取得重大战略成果、全面建成小康社会取得伟大历史性成就之际，开展有关黄齐生先生的学术研究，对其一生进行深入、系统地归纳总结，收集和整理其人生履历、治学业绩、生平成就，分析、研究其思想特点、卓越贡献、精神风骨及其当代价值，无疑有着极为重要的现实意义。

（一）研究黄齐生是丰富贵州“四史”教育素材的需要

历史是人类发展过程中不可或缺的教科书。马克思曾经把人类阶级社会发展的历史比作“历史剧”。在中国革命、建设、改革发展的历史上，“四史”应是这部历史剧中最为辉煌壮丽的篇章，蕴含着极其丰富的史学内涵。对于广大党员干部和人民群众而言，“四史”是无可替代的教科书，其内容同社会正确的意识形态密切相关，要坚持弘扬主旋律、传播正能量，就必须加强“四史”研究。“四史”教育需要通过灵活多样的形式进行阐释与传播，开展相关专题研究，缅怀先辈、铭记历史，正是阐释、传播“四史”的渠道之一。

“以史为鉴，可以知兴替”，以史鉴今是中国共产党开展思想政治教育的优良传统。历史是时代最好的教科书、营养剂与清醒剂。我们党历来重视干部群众的思想政治工作，并把开展历史学习与历史教育作为思想政治工作的重要手段和方法。党的十八大以来，习近平总书记对党员干部该如何学习党史、新中国史、改革开放史、社会主义发展史提出了一系列重要要求，对于深刻认识“四史”和中国共产党的伟大历史贡献及革命精神，都具有重大的现实指导意义。习近平总书记关于“四史”的重要论述是习近平新时代中国特色社会主义思想的重要组成部分，为我们认真学习、宣传、研究和分析“四史”指明了方向。习近平总书记指出，历史是最好的教科书。他要求全体党员干部深入学习“四史”，从而深刻领会蕴含其中的马克思主义立场观点方法，深刻领会中国特色社会主义的理论渊源、发展脉络、实践逻辑，推进思想建党和理论强党、永葆党的先进性，学习“四史”是坚持和发展中国特色社会主义、把党和国家各项事业继续推向前进的必修之课，是促进广大党员干部“不忘初心、牢记使命”的重要途径。[①] 强化“四史”的学习教育，既可以批驳错误思潮，坚持正确思想的引领，提升党员干部的理论素养和党性修养，又能够增强党员干部对红色历史、红色文化、红色精神的学习领悟和理解，从而进一步强化责任担当，切实凝聚起推动经济社会高质量发展的精神力量。

要开展“四史”教育，就必须坚持守正创新，坚持“四史”教育的政治性，提高“四史”教育的针对性，增强“四史”教育的实效性，就必然离不开对过往历史的总结。国无德不兴，人无德不立。

① 《中共天津市委关于深入开展党史、新中国史、改革开放史、社会主义发展史学习教育的决定》，《天津日报》2020年7月10日。

每一个党员干部需要明大德、守公德、严私德。爱国情怀、理想信念、革命精神和创新精神是革命先烈留下的宝贵精神财富，不会随着时间推移而褪色。在“四史”教育过程中，要积极挖掘并利用好“四史”资源，用翔实的数据、感人的故事、真实的成就学习宣传好“四史”，充分彰显其无穷的真理力量，切实增强人民群众对“四史”的认同。黄齐生作为近代贵州重要的教育家及爱国民主人士，其个人历史跨越了清末、北洋政府、南京国民政府等时期，深入研究其生平经历，可以为贵州“四史”教育提供丰富素材和鲜活案例。挖掘、总结和研究黄齐生的思想与精神，有助于我们更好地感悟历史智慧，汲取历史经验，认识历史规律，更好地解答和处理在新时代党和国家发展过程中所面临的诸多重大理论及现实问题。

“民主”和“革命”是“四史”教育中不可忽视的两大关键词。从中国近代历史发展的历程来看，一辈又一辈的先贤先烈们，曾经为中华民族的解放事业做出过诸多尝试，他们的民主革命精神丰富了中国人民的精神宝库。在中国共产党的领导下，新民主主义革命和社会主义革命取得了辉煌胜利，建立了人民民主专政的社会主义新中国，而民主革命精神从未离去，始终与我们相伴而行。民主革命精神不仅长存于世，而且历久弥新，是共产党人初心使命的重要体现。黄齐生作为一名爱国民主人士，为人正直，热爱祖国，支持和拥护中国共产党，他目睹当时旧中国的各种黑暗丑恶现实，厌恶国民党政府的腐败和反动，同情和佩服共产党。因为他的抚养与教育，其外甥王若飞最终成长为一名党的优秀领导干部。作为一名教育家，他还呕心沥血培养了袁咨桐、王景任、谢孝思、韩念龙、周林、肖之亮等优秀学子，他们中的许多人后来成长为优秀党员与党的高级干部，有的甚至为中国革命事业献出了自己宝贵的生命。在抗日战争时期，黄齐生积极投入贵州教育界抗日救亡活动，两次亲赴延安走访，向外界介绍宣传中国共产党的抗日民族统一战线政策，驳斥国民党当局对中国共产党的无耻污蔑，是在党的困难时期最真诚的朋友之一。在抗战胜利以后，他积极响应中国共产党的号召，奔走于重庆、贵阳、延安等地，为新民主主义革命奔走呼喊，竭尽全力，最终贡献了自己的生命，他真正做到了“一思尚存，此志不懈”。可以说，在黄齐生的身上，既有民主的特性，也有革命的风尚，他的一生是为民族觉醒奔走呼号的一生，也是为民主革命战斗的一生。

从黄齐生不断探索真理的历史过程中，我们不但可以总结丰富的历史经验，而且还可以从中寻找到鲜明的历史规律，那就是历史选择了中国共产党、只有中国共产党才能救中国、只有中国共产党才能领导中国和发展中国。

回望历史，掩卷而思，1921 年中国共产党建党时，处于风雨飘摇而又灾难深重的旧中国，当时的中国社会竟然有 300 多个政治组织，而中国共产党只是其中一个只有 50 多人而且秘密成立的政党。其成立过程之艰险、其成长起步之艰难，让人惊叹。但是，就是这 50 多个人的星星之火，以燎原之势救中华民族于危难之中。从 1921 年建党至 1949 年新中国成立的 28 年间，中国共产党遭受了世界政党史上前所未有的炼狱地火似的考验，但最终仍然领导人民成功建立了新中国。新中国成立 70 多年来创造的一个个奇迹，极大改变了中国的面貌、中华民族的面貌、中国人民的面貌、中国共产党的面貌，汇聚成实现中华民族伟大复兴的盛大景象。以上事实充分说明了，只有在中国共产党领导下，中华民族才能够浴火重生、凤凰涅槃，实现伟大的民族复兴。这个结论不只是党领导人民在中国特色社会主义建设过程中取得的辉煌成就可以证明，黄齐生、王若飞等无数先辈英烈献出鲜血和汗水的奋斗历程也可以证明。只有将党领导中国人民的奋斗历程置于社会主义发展史和中华民族近代史中加以认识，才能让中国人民更加真实而深刻地认识到党的伟大、正确与光荣。正因如此，我们重温黄齐生等先烈所经历的峥嵘岁月，可以更加丰富贵州省“四史”教育素材，更加教育中国人民知史砺行，培养我们正确的历史思维，培养历史视野，强化责任担当，厚植为民情怀，进一步树牢“四个意识”，坚定“四个自信”，做到“两个维护”，为新时代中国特色社会主义事业发展贡献力量。

（二）研究黄齐生是挖掘贵州重大红色资源的需要

文化是人类社会特有的现象，是人类历史发展的宝贵财富。人创造了文化，文化又塑造了人。中华民族5000多年的文明发展史是各族人民共同努力、一起创造出来的成果，它不但为民族的壮大提供了精神动力，还为世界文明的发展进步做出了不可磨灭的重大贡献。

贵州是一个红色文化大省，曾经见证了中国共产党百年历程中的很多重要时刻。在贵州，红色文化资源丰富，红色故事扣人心弦，红色人物璀璨耀眼。红色文化是在长期的革命和社会主义建设过程中，由中国共产党人、先进分子和人民群众共同创造的极具中国特色的英雄事迹、革命精神和优秀传统的统一体。它蕴含着丰富的革命精神和厚重的历史文化内涵。习近平总书记多次强调，要从党史学习中激发信仰、获得启发、汲取力量。要不断增强中国人的志气、骨气、底气，把红色基因一代代传递下去，薪火相传、血脉永续。

当前，人民群众对红色文化推崇和认可，学术上对红色文化的研究和探讨持续升温。在工作和学习研究实践中对红色文化的宣传和教育也进一步得到加强。贵州是中国的红色资源大省，贵州红色资源是我国红色文化的重要组成部分，是不可忽视、浓墨重彩的一部分。中国共产党在贵州这片热土上留下过太多革命遗迹，红色革命遗址、红色纪念场所、烈士陵园等遍布贵州的山水之间，在贵州这片热土上也诉说着诸多贵州人民尊敬党、爱护党、拥护党的感人故事。红军长征途中，中国革命正是在贵州的遵义实现了历史性的伟大转折。自此之后，贵州人民始终热爱共产党、拥护共产党，始终追随中国共产党，书写了一幕幕壮丽的历史篇章。黄齐生先生无疑是贵州诸多红色篇章的书写者之一，也无疑是贵州重要红色历史的见证者与参与者之一，我们深入研究黄齐生的思想与精神，是深入挖掘贵州重大红色资源的客观需要，也是为了铭记历史、更好地传承和弘扬红色文化传统的客观需要。黄齐生先生的人格与精神，是贵州人民永远应当珍惜的宝贵财富。

自从近代民主、革命的思想进入贵州以来，一批贵州本省的爱国人士、有识之士开始了探寻真理、励志救国救民的探索，成为民主革命的先驱，黄齐生正是其中的代表人物之一。黄齐生作为贵州著名的英烈先贤，是中国共产党的亲密战友，对中国革命事业有着不可磨灭的历史贡献，党和国家对黄齐生的一生有过高度评价。习近平总书记指出，“对中华民族的英雄，要心怀崇敬，浓墨重彩记录英雄、塑造英雄，让英雄在文艺作品中得到传扬，引导人民树立正确的历史观、民族观、国家观、文化观，绝不做亵渎祖先、亵渎经典、亵渎英雄的事情”。2018 年 4 月，十三届全国人大常委会第二次会议通过了《中华人民共和国英雄烈士保护法》，规定“国家和人民永远尊崇、铭记英雄烈士为国家、人民和民族作出的牺牲和贡献”，“禁止歪曲、丑化、亵渎、否定英雄烈士事迹和精神”，这为本研究深入挖掘、凝练、塑造黄齐生的精神提供了遵循和指引。

自鸦片战争以后，中国社会逐渐沦落为半殖民地半封建社会，在这样险恶的局势下，救亡图存成为仁人志士的共识，当时中华民族面临最重大的历史任务有两项：一是求得民族独立和人民解放，二是实现国家富强和人民幸福。黄齐生先生一生献身教育、为国奔走，是在中国共产党领导人民完成这两个历史任务，特别是完成第一个历史任务中做出贡献的人。在贵州近现代史上，红军三大方面军中，红一方面军和红二方面军都曾在参与长征途中经过贵州。尤其是红一方面军在第五次反“围剿”失败后，于长征途中向贵州转移，致使敌人企图在湘西围歼红军的战略计划完全破产，红军挺进遵义，经历了遵义会议的伟大转折，中国共产党终于找到了一条适合中国革命发展的正确道路，革命事业自此不断地从胜利走向胜利，最终实现了全民族的解放。这一段红色记忆，在中国历史上留下了永不磨灭的印记，也是贵州人民的无上光荣。时至今日，长征精神和遵义会议精神彪炳史册、永放光辉。此外，从贵州大山走出去开展革命斗争的王若飞、邓恩铭、周逸群等老一辈无产阶级革命家，不但对革命做出了巨大的贡献与牺牲，也为党影响和争取了很多观点和立场倾向于我党的爱国人士，如贺龙、黄齐生等。省内革命遗址和红色遗存星罗棋布，比较著名的有黎平会议会址、猴场会议会址、遵义会议会址、苟坝会议会址、娄山关战役遗迹、四渡赤水遗迹、土城青杠坡战斗遗迹、乌江渡口、息烽集中营、玄天洞等，红色资源丰富。同样贵州的红色文化研究也取得了丰硕成果。长期以来，贵州省在黄齐生研究中开展深入挖掘却有所欠缺，对其资源底蕴和内涵研究探讨不够，对其人格精神及平生业绩的阐释不够，其研究工作长期存在一定程度的滞后。直至2014年，黄齐生故居才在他的家乡贵州安顺得以寻找、论证、整理完毕并正式对社会开放。本书对黄齐生展开深入探寻，既是尊重先辈英烈，再现光辉历史、传承红色基因的迫切需要，也是积极培塑好红色名片的需要，通过普及英烈精神并将其根植于党员干部心中，使干部群众对黄齐生身上蕴含的精神文化产生情感共鸣。同时，对黄齐生的研究，可以更为充分地发挥红色文化的教育、引导和示范作用，使中国共产党和中国人民的优秀文化传统和奋斗精神得以传承和接续，引导人们牢记初心使命，不迷失道路与方向，确保红色激情永不褪色，红色火焰永不熄灭，红色基因代代相传！

（三）研究黄齐生是推动贵州教育创新发展的需要

教育的意义是让人明白作为一个人需要对国家、民族、社会承担的责任和义务。创新是一个民族进步的灵魂，是一个国家兴旺发达的不竭动力，也是一个政党和国家永葆生机的源泉。贵州作为一个西部省份，僻处西南，历史上曾长期落后于东部发达地区，要想后发赶超，实现跨越式发展，最急需的就是人才，而人才的培养，则依赖于优质的教育。在经济社会快速发展、各行各业对人才需要不断增强的背景下，为适应新时代的人才培养需要，教育必须有改革创新，这是时代发展的必然，也是贵州经济社会发展之需。

黄齐生是贵州乡土人才中的传奇人物，他刻苦自励，早年即投身教育工作，最终成为贵州教育创新发展的重要先驱者。在他和有关进步人士的努力下，贵阳达德学校得以建立和发展，这对之后贵州省内各地建立中学起到了良好的示范带头作用，并为贵州培养了大批人才。黄齐生在贵阳达德学校任教期间，敢为天下先，在贵州率先提倡白话文、发展新文艺，注重人格教育，倡议兴办女学，招收女学生，聘请女教师，开创了贵州社会风气革新的先声，为贵州教育的发展做出了重大贡献。在艰苦的办学条件下，黄齐生等人想尽一切办法克服困难，尽量为学生提供先进的教育，贵州达德学校旧址至今还保存着当年的电影院、同学录、学校期刊等，这样的教育模式在当时堪称一大创新并对后世影响深远。黄齐生在遵义任省立第三中学校长时期，继续坚持新式教育模式，他延请名师执教、宣传新文化、开新学风尚、倡导男女平等、反对封建包办婚姻，极大地推动了学生的思想解放与眼界开拓，为贵州乃至中国的教育事业做出了历史性贡献，最终成为在贵州乃至中国最有影响力的教育家之一。

党的十八大以来，习近平总书记对贵州非常关心关怀，党中央对贵州的支持力度显著加大，贵州进入发展黄金期。当前，贵州推动高质量发展，对科学知识和优秀人才的需要，比过去任何时候都迫切。近年来，中共贵州省委召开全省教育大会，印发了《贵州省推进教育现代化建设特色教育强省实施纲要（2018~2027）》，全省教育系统坚决落实立德树人根本任务，使德智体美劳全面培养的教育体系逐步完善，特色教育强省建设坚实有力，教育面貌正在发生格局性变化，教育普及水平大幅提升，国民学习机会进一步扩大，学习型社会建设取得重要进展；教育公平质量大幅提升，义务教育阶段失学辍学学生实现历史性常态化动态清零；教育支撑能力大幅提升，职业教育、高等教育服务贵州地方产业发展能力显著增强；教育发展活力大幅提升，办学和服务网络得以更加健全，数字校园建设日新月异；教育开放水平大幅提升，对外合作办学质量与规模均有显著的变化。但是，面对中华民族伟大复兴教育先行的重大使命，面对贵州省委深入实施乡村振兴、大数据、大生态三大战略，面对大力推动新型工业化、新型城镇化、农业现代化、旅游产业化，面对人民群众接受良好教育的期盼，面对推动教育高质量发展的使命，贵州教育的创新性发展亟待加强和深化。

当前，加快推进教育现代化、建设特色教育强省站在了新的历史起点上。在现代化建设新征程中，贵州的文化教育事业必须全面贯彻党的教育方针，坚持社会主义办学方向，继续立足贵州、扎根贵州、服务贵州，培育出有理想、有志气、有担当，能够肩负起时代赋予的重任，把实现自己的人生价值与推动贵州发展、民族复兴结合起来的新时代人才，为推动贵州全省的经济社会高质量发展做出新的更大贡献。在取得很大成绩的同时，我们也必须清醒认识到，贵州教育发展缓慢的问题仍然存在，城乡、区域、校与校之间发展不平衡不充分问题仍然存在；德智体美劳全面培养的教育体系还不够健全；先进的教育理念、科学的育人观念还需要强化。“贵州教育发展最根本的问题还是发展不平衡、贵州教育发展最突出的问题还是发展不充分”①。要解决这些问题，必须推动教育创新发展，教育要创新发展，必须既要善于继承过往的先进教育理念，又要敢于突破不合时宜的教育陈规，实现崇本与开新的统一、守正与创新的统一、继承与发展的统一。

---

① 邹联克：《圆满收官增信心，精彩开局谱新篇，加快推进新时代贵州教育高质量发展——在2021年全省教育工作会议上的工作报告》，2021。

黄齐生终其一生，都致力于教育创新，力推教育平等，将教育振兴的眼光聚焦在男女平等、工农平等、城乡平等上，他身体力行，与著名教育家陶行知等结为亲密战友，积极投身乡村教育与职业教育，为了研究和寻找教育报国之路，其足迹遍及日本和欧洲国家，阅历颇广，在多年的教育实践中，其教育思想日趋成熟，在继承我国传统教育要义的基础上，又吸收了国外先进教育理念，并结合其多年城乡教育实践的经验及成果，形成了他独特的教育思想。这些教育思想，蕴含了丰富的主张教育报国与教育救国、重视培育学生家国情怀和爱国思想、注重教育公平、注重德智体美劳全面发展、重视人文教育、强调实践锻炼、敢于和善于兼收并蓄等先进的思想因子，这些都是永不过时且极具时代价值的教育思想精粹。科学总结和继承、弘扬黄齐生的这些优秀教育思想，是贵州实现教育创新性发展，进而跨越式发展的重要路径。

本书通过对黄齐生教育思想及教育管理实践的细致探讨，分析其教育业绩与当代贵州教育创新发展之间的承续关系，吸收其修己待人的教育理念精华，继承其博学笃行的教育精神，这对于进一步深化贵州省教育创新，凝聚创新教育改革共识，助推贵州教育内涵式发展，积极探索协同育人模式，具有重要的借鉴意义。

（四）研究黄齐生是构筑贵州青年精神高地的需要

中共贵州省委要求，在“十四五”期间，必须全面准确把握贵州新时代面临的形势任务，社会文明程度要迈上新台阶。“红色文化、民族文化、生态文化等不断传承发展，社会文明程度显著提升，公共文化服务体系和文化产业体系更加健全，人民精神文化生活日益丰富，新时代贵州精神不断弘扬”。① 精神是一种强大的资源，是一

① 中共贵州省委：《中共贵州省委关于制定贵州省国民经济和社会发展第十四个五年规划和二〇三五年远景目标的建议》，2020。

个国家、一个地区核心竞争力的重要内容，青年是国家和民族的希望，构建贵州青年精神高地，冲出贵州经济洼地，是适应当前贵州省发展阶段特点的重大现实选择，也是贵州省闯出一条后发赶超之路，实现跨越式发展的一个重大战略举措。构建贵州青年精神高地，必然要求更好地引导贵州青年坚定理想信念，学习和理解社会主义核心价值体系的内涵，大力发展贵州优秀红色文化，弘扬红色文化精神，继承和弘扬黄齐生等老一辈贵州革命人士丹心为国的崇高精神。

黄齐生作为贵州省的老教育家，从成为教师的那一天起，就自觉清除“书中自有黄金屋”“学而优则仕”等封建思想，潜心于学问研究，致力于教书育人，把自己的一腔热血都奉献给了教育事业。他曾多次有做官的机会，无论是辛亥革命，还是护国运动期间，黄齐生都备受当时贵州地方政府的青睐，但他一直秉承教书育人兴国的初衷，无心仕途，淡泊明志，表现出了“不为五斗米而折腰”般“志不苟求”的文人风骨，做到了“一箪食，一瓢饮，在陋巷，人不堪其忧，回也不改其乐”，保持了一位传统知识分子“忧道不忧贫”的宝贵气节和操守。无论面对任何困难，他始终乐观豁达，积极向上，从来没有放弃过对国家、民族和社会的责任与希冀，一直为民族教育事业和爱国民主事业而奋斗。

黄齐生是关心青年、爱护青年、培养青年、提携青年的楷模。在他多年的教育事业生涯中，无论条件怎样艰苦，无论面临何种险恶的局面，他都非常关心青年学生的成长，想方设法为青年学生解决困难，为国家培养了不少栋梁之才。在达德学校时，由于教育经费极度拮据，黄齐生除任教以外，还曾兼职学校的杂役工作，但他仍不改初衷。任教期间，他竭尽所能劝说贫苦家庭的子弟入学，并对学生们循循善诱，因材施教。在为学生授业解惑的同时，又对那些孤苦无依、生活困难的学生，给予各种关照，袁咨桐、黄爱骧、严金操、蔡之璋等都曾是他资助照顾的对象。为了帮助青年学生到海外求学，他奔走于一切亲朋乡友之间，想方设法艰难筹款，其中的酸苦艰辛只有他本人才清楚。他通过四处奔波，帮助不少贵州学子走出大山，进一步开阔了眼界和见识，有的青年随他一起求学于海外，有的则投身于当时的民主革命斗争，许多本省的青年学子把黄齐生当作追求进步的指路人和贵州教育界、思想界、文化界的一面进步旗帜。

“要组织各种精彩、精炼的故事载体，把中国道路、中国理论、中国制度、中国精神、中国力量寓于其中，使人想听爱听，听有所思，听有所得”，习近平总书记关于“讲好中国故事”的精辟论述，为本书的研究指明了方向。黄齐生是著名教育家、爱国民主人士，是青年的良师益友，讲好“黄齐生故事”，无疑也是吸引凝聚青年、团结鼓舞青年的客观需要和现实需求。正是以黄齐生先生等为代表的先辈英烈们在贵州高山深谷之中挺起的铁骨钢梁，不但为贵州省现代教育奠定了夯实基础，而且展现了贵州良好的师德风貌，为当代青年自觉抵制拜金主义、功利主义树立了光辉的榜样。所以，开展本研究，进而深入学习和研究黄齐生精神，是进一步构筑贵州青年精神高地的需要。从本质上说，也是进而增强贵州文化自觉和文化自信，从而助推贵州经济社会发展的时代要求。

2021 年 2 月 3~5 日，习近平总书记在贵州视察期间，强调“贵州要坚持稳中求进工作总基调，立足新发展阶段、贯彻新发展理念、构建新发展格局，坚持以高质量发展统揽全局，守好发展和生态两条底线，统筹发展和安全工作，在新时代西部大开发上闯新路，在乡村振兴上开新局，在实施数字经济战略上抢新机，在生态文明建设上出新绩，努力开创百姓富、生态美的多彩贵州新未来”，要深入学习、认真贯彻落实好习近平总书记重要讲话精神，必须要求全体贵州人赓续红色血脉、继承红色基因、不忘优良传统、弘扬崇高精神。精神是资源、精神是财富、精神是动力。站在贵州新的历史发展起点上，融入建设多彩贵州新未来的历史洪流，学习、研究、继承、弘扬黄齐生精神，必将有助于贵州经济社会发展事业克难前进、行稳致远，从而为中国特色社会主义建设做出新的、更大的历史性贡献。

三　研究方法与路径

近年来，先后不断有黄齐生相关研究成果问世，这为本研究的开展提供了较为充足的文献支撑与基础；同时，黄齐生出生在贵州、成长在贵州，其教育事业与革命事业的踪迹也主要在贵州。在贵州，特别是贵州的贵阳、安顺、遵义等地，有大量有关黄齐生的出生、生活、成长、工作的历史遗迹和文物遗存，也还有许多与黄齐生有关的亲人、乡邻和研究者可供采访，要开展好黄齐生研究，要使研究成果系统性强、生动性强、可信度高，呈现历史的厚重感和学术的严谨性，这也必然要求开展扎实而真实的实地调查和人物访谈，这样才可能提供翔实的，也是第一手的、多角度的研究基础资料，基于此，本书主要研究方法与路径如下。

（一）人物访谈

为了充分了解有关黄齐生研究的第一手资料，研究组先后组织专门力量，赶赴多地开展了多次人物访谈，在访谈的每一次谈话、每一个环节中及时记录收集当时的情形和重要的细节，为研究深度开展收集了大量一手资料。

1. 访谈黄齐生亲属

2020 年 12 月，研究组成员贺梦依、张艳、袁小松专程赴北京，采访了王若飞同志之孙王强大校，特地登门拜访并采访了黄齐生先生亲侄孙黄晓庄之妻、已 94 岁高龄的陈复君教授及其家人金钺先生。在北京，王强大校、陈复君教授及其家人热情接待了研究组一行。在采访过程中，王强大校和陈复君教授深情回顾了对黄齐生、王若飞的有关历史记忆。

王强大校重点结合王若飞之子、王强之父王兴对王若飞的印象回忆和评价，结合自身对王若飞成长经历和精神的体悟，客观评价了黄齐生对王若飞的教育引导作用，肯定了黄齐生是贵州著名的教育家，对王若飞、对中国共产党的事业是关心、爱护并大力支持的。王强大校期望能通过本研究，更为生动地展现黄齐生追寻革命真理、献身贵州教育的经历，通过黄齐生教育救国和投身民主革命的研究，探寻黄齐生拥护中国共产党的内在动因。

陈复君教授是中国共产党早期历史的亲历者和见证者，作为黄晓庄的妻子，她曾接受过毛泽东、朱德、周恩来等老一辈党和国家领导人的亲切接见，和黄齐生先生及其夫人王守瑜有过共同生活与直接接触，在黄齐生先生罹难后，陈复君教授长期与王守瑜一起生活，并负责她的饮食起居，为其养老送终，陈复君教授是当前仍健在的唯一亲眼见过、感受过黄齐生先生音容笑貌与高风亮节的家人，她对黄齐生先生的印象和评价有不可替代的独特性和真实性。在北京的访谈过程中，陈复君教授向研究组提供了大量的图片资料和文献资料，以及她本人撰写的个人回忆录《回望从难童到教授的岁月——八十八年的流水账》一书供写作研究组参考。该书是陈复君教授的个人独著作品，并未公开出版，书中不但回忆了她个人艰难的童年生涯和成长经历，更是回顾了大量她亲自参与和见证的很多历史事件，回顾了大量新中国解放前后，特别是她在延安生活工作时期的历史事迹，其中也有大量关于和黄齐生交往的历史回忆，这些都是非常有价值的历史资料。在访谈过程中，陈复君教授深情回顾了与黄齐生短暂交往、共同生活的一些珍贵历史片段，她评价黄齐生是一个很“亲切”的长者，“脾气很好，没见他对晚辈发过脾气”，“毛主席和周总理、朱总司令都很尊敬他”，陈复君教授认为，黄齐生是贵州教育家的杰出代表，他对贵州教育的贡献很大，对中国革命的历史进程也产生了重要影响。

王强大校、陈复君教授及其家人对研究组开展本研究及贵州省委有关方面对本研究的大力支持表示由衷感谢，并期望本研究能更加生动、翔实、科学地归纳、总结和提炼黄齐生的历史贡献和精神价值，这为我们开展写作研究提供了强大的动力和鞭策。

2. 访谈黄齐生有关研究人员

2020 年 12 月，研究组成员贺梦依、曾羽、张艳、袁小松和参与研究的一些专家、工作人员，在安顺市文广旅局的大力支持下，在王若飞故居召开了“黄齐生研究座谈会”，座谈会由安顺市文体广电旅游局副局长姜开贵同志与研究组共同主持。会上，研究组对潘玉陶、李晓、丁武光、彭新等安顺市研究黄齐生、王若飞的专家学者进行了深入访谈，各位专家学者在会上畅谈了关于开展黄齐生研究的意见和建议，对本书打开研究思路、拓展研究接触面起到了积极的推动作用。

座谈会上，研究组与与会专家开展了深度交流，专家们畅谈了对黄齐生研究的思路建议，回顾和交流了自己在前期对于黄齐生研究的一些成果和看法。其中，潘玉陶是安顺著名地方文化学者，正是他和西秀区文体广电旅游局局长邓克贤积极研究幺铺镇黄齐生的故居，把黄齐生故居发现、建设出来。他们积极走访村民，查阅了很多历史资料，并且直接参与了“黄齐生故居陈列馆”解说词的撰写工作。李晓老师直接参与了王若飞、黄齐生的历史资料收集、展馆布置工作，对黄齐生的历史事迹与精神价值有很好的把握和研究，也有颇为独到的心得和见解。安顺市诸位专家坦诚且毫无保留地对研究组的资料贡献和观点贡献，为本研究引向深入提供了重要资源。

2020 年 11 月至 2021 年 1 月，研究组先后实地采访了姚晓英（安顺市文联主席）、李晓（文化学者，原安顺市委宣传部副部长）、周丽江（中共安顺市委党校党史党建教研部主任）、易中梅（中共安顺市西秀区委党校教研室副主任）等有关黄齐生研究人员，相关专家向研究组详细介绍了自己的研究成果，客观评价了当前黄齐生研究的现状，为本书的研究思路和研究方向提出了积极建议。

先后多次、面向多人的人物访谈，为本书研究提供了生动可靠的研究素材，研究组也因此留下了大量的人物访谈音频、视频资料。研究组根据不同的资料分类，安排专人对原始资料进行分门别类收集，再按照分类对所有文本资料、图片资料、影像资料等进行了分阶段的汇总和整理，为多角度、多层次、立体化开展好本研究积累了珍贵素材。

（二）实地调查

本研究组开展研究以来，先后组织专门力量开展系列实地调查，在实地调查过程中，研究组足迹遍及贵州、上海、北京、江苏等地，多处实地走访黄齐生先生曾经生活与工作、奋斗过的地方，仔细查看有关历史遗迹，在进一步加深对黄齐生先生伟大精神的感性认识的同时，为本书研究收集归纳了大量而翔实的一手材料。

2020 年 10 月至 2021 年 10 月，研究组成员一行先后赴北京国家档案局、上海中华职教社旧址、贵阳达德学校旧址、中共安顺市委组织部党性教育专班办公室、安顺市文联、安顺市王若飞故居、贵州省图书馆、遵义师范学院及其档案馆、遵义会议会址、遵义市习水县土城镇袁咨桐故居、贵阳市档案馆等有关纪念场所与研究单位实地调查。王林明（安顺王若飞故居管理处主任）、郑有成（遵义师范学院档案馆馆长）、孔慰（贵阳市达德学校旧址管理处主任）、刘治省（贵阳达德学校旧址管理处工作人员）等有关同志和当地群众，向研究组介绍了有关黄齐生研究的历史资料及文物的留存、保管及档案建设现状。有关单位也向研究组提供了《黄齐生与安顺幺铺青苔堡》、《师生忆达德》、《老遵义的记忆》、《遵义民国文化人物》、《贵阳文史资料选粹》、《贵州省立第三中学时期 1926~1936》（手写资料复印件）等极有研究参考价值的文史研究资料，这些资料大多未公开出版，较为难得，但考证翔实，是珍贵的参考资料。

贵州安顺是黄齐生的故里，黄齐生也被当地人视为当地最著名的乡贤之一，当地人认为，黄齐生与王若飞舅甥是安顺市的“文化名片”，也是乡民最引以为傲的榜样人物。黄齐生在安顺具有很高的知名度与美誉度。2020 年 12 月，研究组一行在安顺市文体广电旅游局、王若飞故居管理处一行人员的带领下，专程瞻仰了位于安顺幺铺青苔堡的黄齐生故居。安顺本地文化研究爱好者及黄齐生故居乡邻在当地政府的组织下，于 2014 年 11 月起开始对黄齐生故居进行保护性修缮，2014 年 12 月 19 日开始黄齐生故居正式对外开馆。2015 年 7 月，故居被评为安顺市区级文物保护单位。故居基本上保持了黄齐生先生当年生活的原貌，在故居一旁，建有黄齐生陈列馆。在调查过程中，研究组一行实地感受了黄齐生在安顺幺铺的历史痕迹，了解到黄齐生少年时期在安顺接受启蒙教育的基本情况，感受到了黄齐生与其家人特别是与其兄长黄干夫之间独特而让人感叹的亲情，作为贵州实业家与艺术家的黄干夫对黄齐生的成长引导、帮助很大，对其最终投身教育、投身民主革命探索影响很深。黄干夫与黄齐生“双璧华章”，双双成为影响黔中文化与革命事业的杰出人物。故居原貌保存较好，参观故居之时，研究组一行深切感受到了黄齐生生于寒门却成就卓越、生于僻壤却志在四方的崇高品格。同时，研究组也更加真实地感受到了黄齐生先生丰富而感人的事迹及其为教育、为民主革命做出的卓越贡献。安顺幺铺当地人对黄齐生质朴的感情表达，也凸显了黄齐生在安顺、在贵州的人格魅力与巨大影响。

2020 年 12 月，家居北京的王若飞之孙王强大校莅筑考察，研究组成员贺梦依、张艳、袁小松等一行陪同，再次前往贵阳达德学校旧址参观并实地调查。在贵阳市达德学校旧址管理处主任孔慰的带领下，研究组一行与王强大校认真观看有关陈列。仔细参观了黄齐生与王若飞当时生活、学习的“忠烈宫”达德学校旧址，在参观过程中，研究组一行重点了解了黄齐生、凌秋鹗、黄干夫等人参与创办、推动达德教育的历史过程，了解了“达德”的“智仁勇”的具体含义及黄齐生的教育思想。达德学校的校歌，以及黄齐生的得意门生，也是全国著名书画家、享有“苏州园林之父”盛誉的谢孝思及其夫人刘叔华的书画作品陈列给研究组一行留下了深刻印象；谢孝思重新题写的达德学校里面的“勿忘五月七日”纪念石碑至今巍然屹立；在达德学校旧址，研究组一行还认真观看了有关视频资料，更为生动、直观地了解到了黄齐生培养王若飞、谢孝思、袁咨桐等具有“好学、力行、知耻”优良品格的杰出学生的有关过程。大家充分感受到，在黄齐生等老一辈教育家的辛勤耕耘下，达德学校师生在贵州民主革命的每一个关键时刻都走在了时代的前列，为贵州的民主革命运动做出了贡献，达德学校不愧为贵州民主革命的一面旗帜。王强大校参观完达德学校旧址后表示自己深受震撼与洗礼。在达德学校旧址的实地考察，进一步让研究组对黄齐生的教育思想、革命情怀、文艺修养与文艺实践有了直观认识。2021 年，在“秋来时霜露黄花会”的 10 月，研究组成员贺梦依一行前往上海，到中华职教社旧址、孙中山故居、民建总会在沪旧址参观并进行实地调研。中华职业教育社于 1917 年成立后，得到很多教育人士、民主人士的积极支持，黄齐生先生就是其中之一。1918 年 3 月，黄齐生曾率领贵州学子赴日留学，途经上海拜会了孙中山先生，得到了孙中山先生的勉励和赞赏。通过实地调研，研究组对黄齐生、王若飞在上海的足迹和经历有了更直观的了解，深深感受到他们那一代人深厚的爱国情怀和奋勉图强的精神，进一步积累了既朴素又深刻的家国情怀和民族精神素材。

在一系列真切而仔细的实地访谈和调研座谈中，研究组每个环节都由专人及时记录与收集资料，并有效做到了资料的衔接与连贯，保证了资料的真实性和准确性。研究组通过这样的方式，进一步掌握了有关黄齐生研究的历史资料，强化了现实感悟和研究体会，为提升本书研究的生动性、真实性与可信度奠定了情感基础与材料基础。

（三）文献研究

研究组通过实地走访调查、论文资料数据库查找等方式，收集了大量有关黄齐生研究的专著与学术文章。经梳理，主要有以下几类。

1. 专著类

主要有《黄齐生传》（王鸿儒，1995）、《众说纷纭话延安》（朱鸿召，2001）、《黄齐生诗文选》（谢孝思，1981）、《黄齐生与王若飞》（王蔚桦，1996）、《四八烈士》（刘杰诚，2016）、《贵阳历史研究》（何静梧，1996）等，共计40余册。

2. 内部资料类

主要有《爱国民主人士　贵州教育家黄齐生先生》（贵阳市档案馆，1998）、《石公黄齐生——黄齐生的故事》（安顺经济技术开发区，2018）、《师生忆达德》（贵阳市政协文史和学习委员会，1997）、《贵阳历史人物传略》（贵阳市政协文史和学习委员会，2011）、《老遵义的记忆》（遵义市政协文史与学习委员会，2012）等，这些资料大多未公开出版，但内容翔实生动，具有很强的可参考性，共计30余册。

3. 研究论文类

主要有《黄齐生的教育思想》（黄厚敏，2009）、《爱国教育家黄齐生》（包中、孔祥辉，2007）、《从档案看王若飞和他的舅父黄齐生》（陈泽渊，1992）、《黄齐生——以学校为阵地》（陈林，2011）、《黄齐生诗词浅论》（黄万机，1982）、《黄齐生教育实践和教育理念系统研究》（何小英、罗鸿染，2020）等，共计30余篇。

研究组收集的上述文献为写作研究提供了较为扎实的材料基础，很多是宝贵而高质量的一手资料，研究组专门对这些文献资料进行了通读和精读，根据需要进行了理论分析与研究。通过对有关文献的梳理和研读，重点厘清并深化了如下认识：一是关于黄齐生生平主要事迹，特别是展现其与王若飞之间舅甥情谊及黄齐生投身民主革命、投身贵州教育改革发展事业的事迹的认识；二是关于黄齐生对中国传统哲学的研习与心得，以及有关哲学论述及其哲学思想形成过程的认识；三是关于黄齐生的诗词、楹联、书法等文艺作品及文艺风格，以及黄齐生在贵州推广新文化、提倡白话文方面的贡献的认识；四是关于黄齐生在贵州戏剧创作、改革方面的重要贡献的认识；五是关于黄齐生亲友、学生对他的系列回忆与评价的认识；六是关于黄齐生精神价值的凝练、总结的认识等。

研究组在收集研究材料基础上，根据研究需要，按照有关科研程序和要求，对材料进行了全面的筛选和整理。通过组织专门力量对有关文献的研究分析，有效明确了研究路径，也为本书研究进一步准备了大量的感性材料与理性材料，为保证研究取得较为扎实的学术成果奠定了基础。

第一章　黄齐生的哲学思考

黄齐生先生自学成才，学识渊博，但未留下系统性的哲学学术文稿。从存世的日记、笔记、信函、诗文来看，黄齐生国学功底深厚，对儒家传统哲学诸多命题都有过深入思考，见解也很独到。宋明儒家哲学中的“格物致知”命题是他长期思考也是最令他困惑不已的问题。在《格物吟》《说格物致知》《别山东乡村建设研究院同学兼呈漱溟先生暨院中诸先生因寄南中诸师友》等诗文中，他对宋明儒家的“格物致知”进行了逐个探讨。经过30余年的思考以及长期的社会实践，他对“格物致知”作了崭新的阐释，展现了其独特而深邃的哲学思考。

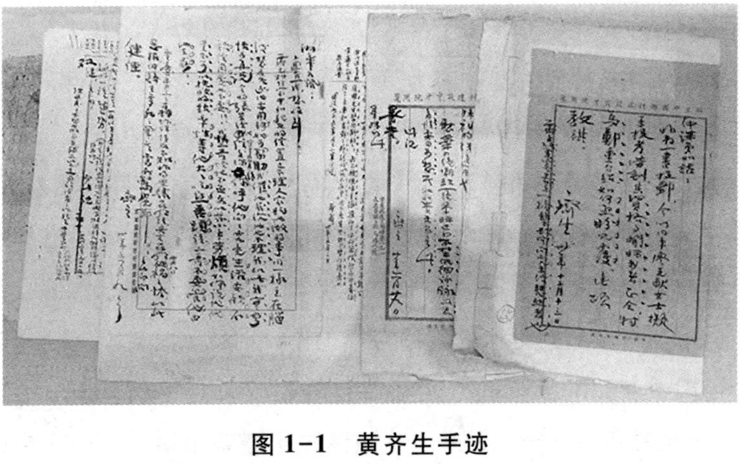

图 1-1　黄齐生手迹

（摄于贵阳市达德学校旧址，2021 年 11 月）

第一节　对传统“格物致知”论的困惑与反思

一　对传统“格物致知”论的困惑

“格物致知”是中国传统文化一个重要的道德与认知理论，是中国传统儒家思想尤其是宋代及其后世儒家思想中的一个重要哲学命题，也是中国学术思想史上的重要理论问题，自古异解纷呈。正是此命题曾经困惑黄齐生长达30余年。

“格物致知”语出《礼记·大学》，它呈现了人类道德生活这一基本逻辑、具有永恒的理论价值，但《礼记·大学》并没有对“格物”“致知”专门加以解释。此篇从“明明德”“新民”“止于至善”始（即“三纲目”），到“格物”“致知”“诚意”“正心”“修身”“齐家”“治国”“平天下”（即“八条目”），“大学之道，在明明德，在亲民，在止于至善……致知在格物。物格而后知至，知至而后意诚，意诚而后心正，心正而后身修，身修而后家齐，家齐而后国治，国治而后天下平”。“三纲目”是总纲、总论，“八条目”是对“三纲目”的展开与补充，是落实“三纲目”的功夫，其中“格物”“致知”两功夫最为关键，因为只有此二者才能把“三纲目”“八条目”真正落实到实践层面，也就是黄齐生说的“根本功夫”。

黄齐生自述童年就曾读过《大学》，但没有完全明白其中道理，只是到成年后，才略知其中要义。“我从童年受《大学》，道何道兮葫芦药。疑团猜测几多时，弱冠成人粗领略。”1931年，黄齐生结束了在山东邹平乡村建设研究院的考察工作，前往河北定县考察由陶行知、晏阳初发起的乡村教育运动即乡村建设实验运动，途中写下了《别山东乡村建设研究院同学兼呈漱溟先生暨院中诸先生因寄南中诸师友》长诗以及《说格物致知》一文，对几位代表性的宋明儒家

“格物致知”论进行了逐一分析。此外，为排遣旅途倦意，他在旅途中抄写《论语》，并做一首白话文诗，作为思考“格物致知”的参考资料。不难看出，在这段时期，黄齐生对“格物致知”的思考较为集中。

在《说格物致知》一文中，黄齐生开门见山地道出了自己的疑虑：“格物致知”并非十分奥妙难懂，但为什么历来儒家在此问题聚讼纷纭，难有定论？“《大学》言修身、齐家、治国、平天下之道，而根本功夫在于‘格物致知’，致知在格物，应非奥妙难攀之理。而千百年来，千疏万注，说法纷纭，窃有疑焉。”黄齐生所言极是，历代儒者纷纷言“格物致知”而不一其说，“自宋之后，几乎有一家宗旨，就有一家的格物说”。明末刘宗周曾估算，自程朱以降，对“格物”的解释，多达 72 家。

黄齐生指出，“‘格物’远溯宋儒先，《大学》提从大戴编”。《礼记·大学》成书于西汉，戴德即“大德”曾订《礼记》而成《大德礼记》。正如黄齐生所言，《大学》原是《礼记》中的一篇，只是到宋代才开始独立成篇。“只因一字成疏略，惹起纠纷七百年”，围绕“格物”“致知”最为集中的争论是在宋明，故“七百年”，但分歧早在汉唐《礼记》各注家之间就存在了。汉代经学家郑玄最早对“格物”和“致知”进行注解：“知，谓知善恶吉凶所终始也。格，来也；物，犹事也。其知于善深，则来善物；其知于恶深，则来恶物。言事缘人所好来也。”郑玄认为“致知”然后能“来物”，也就是说，知善则来善，知恶则来恶。心中明了善恶，则善恶必然“来到”，即在现实中得到应验，这显然是受到汉代流行的“天人感应”论的影响。唐代孔颖达在郑玄的基础上对“格物”“致知”作了进一步发挥：“致知在格物者，言若能学习招致所知。格，来也……缘人所好也。物格而后知至者，物既来则知其善恶所至。善事来则知其至于善，若恶事来则知其至于恶，既能知至则行善不行恶也。”他认为人心能感知到事物，善恶之事物来到人跟前（格物），人心就知善恶了（致知）。正所谓“致者，送诣也。物来而知诣之，外有所触，内有所受，此之谓致知在格物”。

唐儒李翱对“格物”“致知”的解释与郑、孔截然不同：“物者，万物也。格者，来也，至也。物至之时，其心昭昭然，明辨焉而不应于物者，是致知也，是知之至也。知至故意诚，意诚故心正，心正故身修，身修而家齐，家齐而国理，国理而天下平，此所以能参天下者也。”他认为，人心并非像镜子一样原原本本地反映事物，并非事物来到跟前，心中就明了，“致知”不是“应于物”，不是简单观照事物，而是内心一种境界提升，这才是知之至，唯有达到这样的境界才能诚意正心，修齐治平。可见，人的主体性及其在认识上的主动性，被李翱觉察到了。黄齐生以忠于传统的态度，对中国哲学的演进与发展颇有见解，很显然是认识到了这一层。

二　对宋明儒家“格物致知”论的反思

宋初的道学家将古典宇宙论转换成以理气相分为核心的理论新体系，从而为儒家一个崭新命题的诞生做好了准备。宋代之前，《大学》篇章并不被儒家看重，“格物”“致知”也多分开。唐代韩愈曾予以表彰。其实在先秦典籍中，诸如“格物”“致知”“诚意”等话语为《大学》所首倡和独有。宋儒程颐率先推崇《大学》，认为它是孔氏之遗书，以“入德之门”和“为学次第”阐释《大学》的意义。朱熹又在此基础将其作为“四书”之一，将其从《礼记》中独立成刊，重修定本，从此确立了《大学》在理学中的核心地位，成为宋代之后儒家所共尊推，“格物致知”也由此成为理学和心学核心论题以及相关道德论战的焦点。

程颐训“格”为“穷”，训“物”为“理”，格物即为穷理，致知在格物。“格犹穷也，物犹理也，若曰穷理云尔。穷理然后足以致知，不穷则不能致也。”也就是说，人心中先天有理，但此理并非自然而然地显现。欲明此理，非通过格物即在外物上穷理的途径不可。当然，穷理方式很多，并非只有“格物”即接近事物才能达到，读书明理，对古今人物进行评价，辨别是非都是穷理方式。程颢对此解释稍有不同，他认为“只心便是天，尽之便知性，知性便知天”。因此，理之明了即致知不必向外求，只需转向内心求即可，“当处便认取，更不可外求”。格物如何能致知，或者说内心与外物，理与物如何发生关系？他解释说，“致知在格物，物来则知起，物各付物，不役其知，则意诚不动。意诚自定，则心正，始学之事也”。因为人接近物时，心中之理自然生发，致知之后，人心并未被外物所役，物终归是物，人心终归是人心。

朱熹集二程、张载之大成，以经学方法重订章句，增加补传（格物致知补传），更加拓展了《大学》的研究，在程颐的基础上，朱熹对格物致知作了进一步解释。他认为，格物与致知不能分开，致知是对自我而言，格物是对外物而言，前者是后者的主观效果，后者是实现前者的途径。用朱子的思维解释，自然事物理应在“天下”之物中，自然之理也就当穷了，一草一木当然也可以格了。所谓致知在格物者，言欲致吾之知，在即物而穷其理也……至于用力之久，而一旦豁然贯通焉，其结果是众物之表里精粗无不到，吾心之全体大用无不明矣。换句论证，此谓物格，此谓知之至也。朱熹的“格物致知”论要点并不在物，也不在心，而在如何“格”。程朱对“格物致知”的新论“包含了对存在之理或至善之道德预设，又点明了通过探求个别‘事实’抵达天理的途径；如果道德评价不是起源于对于‘礼’的实践，而是起源于对于天理的体认，那么如何认识天理，抵达天理，进而与天理合一就成为理学的中心问题”。既然抵达天理、认识天理靠体认，那么如何体认、如何抵达，就成为理学家争论焦点。在此问题上，同时代的陆九渊与朱熹就有明显分歧。

朱熹强调格物须“六分内”“四分外”，既要向外用功，也要向内用功，但只有在向外用功的基础上，向内功夫才能起作用，实际上是不主张向内用功。在朱子的视域内，通过致知从而最终达到“知致”，即通过穷格外物之理而获得认识、知识，并为道德实践提供动力。向外用功的“格物致知”方法须循序渐进，持之以恒。而陆九渊则认为朱熹的方法太琐碎，是“支离事业”。他认为，物中并没有“理”，何来格物？“理”是自我存在的也是自我展现的，“理”不在他处，“理”便在心中，因此，他主张发明“本心”，“心即理”“人心至灵，此理至明，人皆有是心，心皆俱是理。”他把孟子提出的“四端”看成人的本心，本心就是宇宙之本体，义理就在人心，不在他处。“格”是至是穷，即研磨考察，以求其至，但这种功夫不是针对“物”而是直指人心，即“心明理”。人心之所以要“格”，是因为它受到物欲所污染，因此，“明心”就在于人气禀清浊不同，只有完养，不逐物，即随清明，才一逐物，便昏眩了……人心有病，须是剥落。剥落一番，即一番清明，后随起来，又剥落，又清明，须是剥落得净尽，方是。因此，陆九渊的“格物致知”不是“格物”而是“格心”，“格心”是直指人心，因为心物一体，此心即此理，“知”是“此知”“物”是“此物”，“物”不是独立于人的道德实践的外在的事物。心与物不是二元对立的，而是合一的。

朱陆共同的好友吕祖谦很想调和朱陆的思想分歧。在吕祖谦组织下，宋孝宗淳熙二年（1175 年）六月的一天，朱熹、陆九渊、陆九龄、吕祖谦各带朋友、门人共 20 余人，在信州（今江西上饶铅山县）鹅湖寺召开了一次规模不大却影响深远的学术研讨会，会期三天，会议由吕祖谦主持。会议主要围绕如何成为圣人等命题而展开。吕祖谦本想通过此举达到“会归于一”即调和朱陆分歧，但三天激烈辩论之后，两方分歧更加明了。这个历史上著名的文化事件被黄齐生在《格物吟》中提及：“在昔鹅湖启辩争，庭前竹又误阳明；习斋别唱格三物，一直官司打到今。”三天学术会议开完之后，双方不欢而散，彼此却成了好友。朱陆等人对“格物致知”新的解释，不仅突出了格物与致知在儒学中的地位，对后世儒学发展也产生了极为重要影响，鹅湖之会成为南宋新儒学形成和发展的一个节点，成为中国思想史绵延数百年的一大公案。明代王阳明就是一位深受朱陆影响的大儒。

黄齐生对王阳明哲学中的格物致知的思想十分熟悉，他仅用“伤心只为庭前竹”“庭前竹又误阳明”少量几行字就指出了王阳明“格物致知”形成过程及其核心问题。和古代社会的其他读书人一样，王阳明亦把“做圣贤”当作自己的自然志向和追求。他一心追寻儒家成圣之路，践行横渠四句之言。将“做圣贤”与“格天下之物”关联起来的路径，是宋儒理论的重要贡献，这最终产生了王阳明格竹子之理的著名典故。王阳明对朱子格物说从信奉到反思和批判。王阳明早年笃信过朱熹，并且忠实地按照朱熹的方法认真实践过。朱熹认为“至于用力之久，而一旦豁然贯通焉”，也就是说“格物致知”需持久向外用功，方能达到“豁然贯通”。遵照朱熹的方法，王阳明端坐在房屋竹子前，试图格竹而致知，但是，这种方式不仅没有任何效果，而且三天他便病倒了。起初，他还以为这是由于自己思想上准备不足而导致的，于是，他又再次面对庭前竹用功，但同样没有任何效果，还落下疾病。庭前格竹实践上的失败，促使王阳明开始怀疑朱熹的“格物致知”即格物穷理思想。王阳明质疑了朱子的格物观，随之而来的是否定了朱子据此“做圣贤”的功夫。

在王阳明的语录中，最能体现其思想精华的为：“天下之物本无可格者，其格物之功，只在身心上做。”“只在心上做功夫”是其觉醒的标志。王阳明沿着陆九渊的心学路径，对格物致知作出另外解释：“格者，正也。正其不正以归于正也。正其不正者，去恶之谓也；归于正者，为善之谓也。”“格物”就是“去其心之不正，以全其本体之正。但意念所在，即要去其不正以全其正，即无时无处不是存天理，即是穷理”。“致知”是指“非若后儒所谓充广其知识之谓也，致吾心之良知焉耳”。王阳明认为朱熹的方法不仅在实践上行不通，否定了其天理外求的认知路径，理论本身也有问题。王阳明进一步延伸了陆九渊的思想，认为“格物致知”无须外求，“格物”就是除去私欲，让每个人心中被私欲遮蔽了先天的“良知”显露出来，因此“格物致知”不是向外，而是向内用功，良知为人性内核。“心即理也。天下又有心外之事，心外之理乎？”王阳明正是在贵州龙场大彻大悟，他此后对儒家传统“格物致知”所做出的全新理解可以说是其所悟的精髓体现。《大学》以“格物致知”作为其核心，讲究以“内圣外王”为修成圣人的关键之法。在王阳明之前的朱熹认为，“格物致知”就是达到“内圣”的核心和始端，也是个人用以修身治学的根本方法，他将“格物”理解为“格物穷理”，其中“理”就是研究透彻在万事万物中所包含的道理，“致知”就是根据研究透彻的这些万物之理下功夫，去达成“正心”的目标。而王阳明正是在悟道之后，结合其早年穷理“格竹”的失败经历，参透了朱子解释的不合理之处，克服了朱熹“格物”说逻辑上穷理后才“致知”的突出矛盾。他指出万事万物道理更无穷尽，无法悟透就永远无法开启“致知”。王阳明先生所讲的“格物”就是“格心中之物”，即“格者，正也，正其不正以归于正也”。[①] 将“物”定义为“事”，也可以说“意之所在”，具体阐释就是去除我们内心所隐藏的贪念欲望，改正思想意识方面的错误。“致知”则是恢复人本心所有的良知。在“格物”基础上“致知”就是对本心的体认，对“良知”的体认。“格物致知”即“反求诸心”，二者相融合，彻底否定了朱熹之说。因此，王阳明的“格物致知”是格心之不正，不需求外物，只在心

① 王守仁：《王阳明全集》（上），上海古籍出版社，2012，第22页。

体上用功，即“为善”“去恶”复其“良知”，是关乎人主观意念的道德修养理论。包括王阳明后来提出的“知行合一”“致良知”其实就是“格物致知”实践之后的深化和延续。王阳明之所以不假求外见，只诉诸良知，有其理论的需要，更是想针砭和矫正不良社会风气使然。明中叶风雨飘摇、内忧外患极其严重，总体呈现由盛转衰的迹象，阶级矛盾十分尖锐。王阳明身处封建官僚、士大夫中间，对明中期政治昏聩的状况和风气深有感触，放眼天下，一切皆为利来，无论是儒生还是智贤，都是基于私欲的知识求取路向。对于王阳明“格物致知”之说，黄齐生予以高度肯定：“古本还它真面目，阳明卓认足倾服，不讲‘格物’讲‘良知’，伤心只为庭前竹。”

顺着理学和心学之间“格物致知”的论争逻辑，黄齐生对明末清初颜元的“格物致知”思想进行研究。他说，“习斋别唱格三物，一直官司打到今”。习斋即颜元，为明末清初“颜李学派”创始人。颜元认为，无论是朱陆，还是王阳明，他们的“格物”论都是错误的。在颜元看来，宇宙与人心之本不是“理”也非“良知”，而是“气”。颜元十分厌恶朱陆、王阳明等宋明儒家空疏不实的风气，他积极倡导经世致用，强调“习动”。颜元认为，“格”便是实践，在实践中接触实际事物，要获得真知识，就必须勤于实际练习。“格物”的途径是“习动”，所谓“习动”就是主动实践，主动在实践中提高道德修为。知识就在物上，需要实践得来。要了解杨梅酸不酸、枣子甜不甜就需要亲自尝尝：“盖致知在是物上，便亲见了那物，不尤胜于宋儒与今人全不见梅、枣，便自谓穷尽酸、甜之理乎？嗟乎！通五百年学术成一谎，其如此局何哉。”他极力反对那种把“格物致知”等同于读书、讲问和思辨的做法。值得一提的是，颜元的思想还被习近平总书记熟知，2014 年，习近平总书记用颜元的“圣人是肯做工夫的庸人，庸人是不肯做工夫的圣人”一语来勉励青年学子，鼓励学子们要从日常功夫做起，积极躬行践履。

黄齐生诗句“习斋别唱格三物”中的“格三物”是指“六德”“六行”“六艺”。“六德”是指知、仁、圣、忠、义、和，“六行”是指孝、友、睦、任、恤、姻，“六艺”也是孔门提倡的礼、乐、射、御、书、数。“三物”中，颜元最强调“六艺”，“六德”“六行”两物要通过“六艺”来体现，所以“六艺之教”是格物的核心，汉儒朱陆皆失之于此。黄齐生指出，颜元对“格物致知”的解释独具创新，是一种“别唱”。

从朱陆的“鹅湖之辩”到王阳明的“庭前失竹”，再到习斋的“格三物”，围绕“格物致知”的争论从来没有断过，他们都未能让黄齐生满意。“我也曾钻三十年，若明若暗几纠缠。”这个长期困扰着他，却始终不见真谛的问题经过长期的思考，终于迎来了“豁然贯通”的时刻。

第二节　格物致知：天行健，君子以自强不息

一　黄齐生“格物致知”论缘起

1931 年，已 52 岁的黄齐生旅居法国南部的蒙达尼。夏天一个夜晚，明月朗朗，星星闪闪，黄齐生坐在地上静静观察天空，多年的漂泊、事业的艰辛、思想的困惑多种情愫萦绕心间。他夜看星空亘古如斯，天体运行日复一日刚健有力。此情此景，他或许想到了《周易》中那句名言：“观乎天文，以察时变，观乎人文，以化成天下。”头顶满天星斗，他多想“观乎天文，以察时变”，也很想“观乎人文，以化成天下”，然而，真正的“天文”与“人文”又在何处？让他困惑不已的古代圣贤的“格物致知”方法不也是未得到“天文”与“人文”的知识吗？当他默念《周易》中“天行健，君子以自强不息，地势坤，君子以厚德载物”时，忽然间，他似乎“豁然贯通”

了，长期困惑他的难题恍然顿悟。“民国十年，旅居法国之南境，天气暑热，尽有余闲。夜坐观空，众星罗列，忽悟《易象》‘天行健’非格物而何？‘君子以自强不息’，非致知而何？如拨云雾而见青天。当时情况如是者。”

那么，已过半百的黄齐生为何夜观星象而参悟“格物致知”？黄齐生自己没作解释，有关黄齐生的研究文献也未涉及此问题。而通过对黄齐生多年读书求学和社会实践等经历的分析，可以看出至少有两个方面的缘由。

其一，黄齐生对儒家哲学反思与批判是其参悟“格物致知”的学理性因素。黄齐生长期思考“格物致知”，厚积薄发，终有所悟。黄齐生幼年时跟着舅外公和表兄学习，稍大后为生活所迫，在杂货铺打工，但从未间断自学。尽管生活艰辛，工作很累，但他长期坚持利用点滴时间大量阅读，书目涉及古今中外。对“四书”“五经”等中国传统古典文学典籍的研究使他对优秀传统道德加以继承，通过紧跟时事潮流，涉猎近代西方资产阶级政治哲学名著以及收获留日、留欧期间的考察和实践认知，他又有新的思想觉悟，可以说一直在紧跟着时代步伐。从“四书”“五经”到黄老道庄，从《史记》《资治通鉴》到唐诗宋词，从《西厢记》《红楼梦》《三国演义》等到《民约论》《天演论》《进化论》，再到康梁维新派书报，黄齐生都有涉猎，且均有不俗研究。黄齐生所学甚博，并不限于一家之言。但是，对他影响最深的还是儒家思想，由此推断，黄齐生从小就开始关注儒家哲学的“格物致知”论并有所困惑。

成年后，他对朱、陆、王阳明、颜元等大儒的“格物致知”思想应该有过系统性的研读，但读书并未完全祛除心中之惑，这种困惑在《说格物致知》一文中表露无遗。黄齐生在该文中首先从《大学》中“《诗》云：‘邦畿千里，惟民所止。’《诗》云：‘缗蛮黄鸟，止于丘隅。’子曰：‘于止，知其所止，可以人而不如鸟乎？’”开始发问。他说，孔子当年读《诗经》中“缗蛮黄鸟，止于丘隅”诗句后而有所悟，那么，这是否就是“格物致知”？“‘缗蛮黄鸟’非‘格物’乎？‘止于丘隅’非‘物格’乎？‘于止，知其所止’非‘致知’乎？‘可以人而不如鸟乎？’非‘知至’乎？”于是他得出，“格物”就是对物发生感觉（缗蛮黄鸟），而“物格”就是从感觉上升到认识（止于丘隅），“致知”就是从认识事物到认识人生（于止，知其所止），“知至”就是从人生得到教训（可以人而不如鸟乎）。显然，黄齐生将“格”训为“感”是遵循了古代朴素唯物主义认识论逻辑：认识从感觉开始，然后上升到理性认识。他强调人的知识是靠对客观事物的感觉经验获得的，同时不忽视人的主观因素对提升经验的作用，不仅符合唯物主义认识论中的认识产生于实践需要，从而回到实践以满足实践需要，认识是在实践基础上不断发展的辩证过程，或者说是从不知到知、从知不多到知较多、从知浅到知深的过程，这与马克思主义认识论相一致。由此可见，此段时期黄齐生对“格物致知”虽然仍有困惑，但认识加深了。

尝试了古代朴素唯物论路径之后，黄齐生又再次回到心学路径。黄齐生以明代和尚憨山德清为例，“明代憨山大师训‘格物’有三义：一‘扞格’，二‘感格’，三‘来格’，最耐寻味”。憨山，原名蔡德清，字澄印，号憨山，安徽全椒人。他在吸收禅宗、华严、天台、唯识、律宗等各家思想基础后，提出“禅教合一”“禅净双修”等思想，在晚明佛教思想中独树一帜。在“格物致知”问题上，憨山德清认为，“知”乃迷悟之原，“格物”之功需先破除妄念，用真知去切入外物。如此解释也未能破除黄齐生心中疑虑。他再将王阳明的“自是孤云天际浮，箧中枯蠹岂相谋。请君静后看羲画，曾有陈篇一字不”和“从来尼父欲无言，须信无言已跃然。悟到鸢鱼飞跃处，工夫原不在陈编”两首诗与《诗经·大雅》中的“鸢飞戾天，鱼跃于渊”相比较，认为这是同一境界。显然，黄齐生的“格物致知”心路历程从朱熹、陆九渊开始，然后再到王阳明、颜元，进而转到憨山德清，但终无所果。所以，他再次承认对于“格物致知”这个命题，可谓“千疏万注，愈转愈迷”。像梁漱溟这样好学善思的大儒，即便积十余年之功，对儒家这个核心命题，也能获得确解。可以推断，宋明儒家那种高谈性理，却不务富国强兵之法，清谈危坐，不求实政的空疏风气的弊端被黄齐生看得清楚明白，这也解释了为何在考察乡村建设研究院期间他才集中思考“格物致知”问题，因为正是在轰轰烈烈的“乡村建设”的实践活动震撼下，他才开始思考和批判那种让他“愈转愈迷”的“格物致知”论。

其二，黄齐生多年的社会实践经验是他最终参悟“格物致知”的实践性因素。黄齐生长期思考“格物致知”，却不得确解，这对于一个想从传统思想寻找经世致用的办法以拯救危难中的民族和国家的爱国人士而言，是何等残酷。黄齐生最终将目标和精力投向了社会实践，应陶行知之邀在晓庄学校献身于乡村教育，在徐公桥乡村改进试验区他提倡摄身“八宝”，推崇“物物各所得，兰芬梅亦芳”。此后他还在黄炎培主持的中华职业教育社漕河泾农学团和广西国民基础教育研究院工作，在陕甘宁边区教育工作中认识教育新方向，在云南开蒙新村改革封建风俗习惯，扩大抗日救亡宣传工作，在歇马场乡村建设育才院讲国族精神，在四川正则艺专以进步书刊讲文史，推动民主团结，黄齐生先生归国后辗转各地进行教育实践。他甚至过激地认为不应该再去书中浪费时间和精力，发出“盖孟子早已有‘尽信书不如无书’之叹。距今七十年黔之诗人郑子尹（珍）所为发‘混沌未凿先自死，秦皇那得不少书？’之痛，夫岂无因耶？”的感慨。

“古人格物真格物，后人格物只格书；明明一鉴方塘水，偏感书来不感渠。”此处他以朱熹的《观书有感》来表达自己多年读书和对“格物致知”的感想。朱熹原诗为：“半亩方塘一鉴开，天光云影共徘徊。问渠那得清如许？为有源头活水来。”此首小诗首先给读者一片澄澈明净的水景，令人心旷神怡，豁然开朗。半亩小“方塘”何以能够清澈照月，不纳污垢呢？原来它有活水源源不断注入。朱熹借“方塘”喻指人心，以天光云影喻指天理、物欲。因此，只有经常读圣贤书，汲取圣贤书中义理，才能使我们内心的“方塘”不被物欲所污染，持久清澈如明镜。黄齐生在此诗中对朱熹观书之感提出批评，他指出朱熹寄希望于从圣贤书中寻找的“活水”并非“活水”，真正的“活水”在水渠上头即丰富的社会实践中。显然，此时的黄齐生已经完全清楚地意识到，从古人的“格物致知”方法中并不能找到解救旧中国的办法。那么，他的“格物致知”新论又在哪？他颇为幽默地说，梅花（答案）就在跟前，无须远求：“一贯应从一画开，千疏万注转沉埋；廓清推陷吾何有？笑指梅花请试猜。”

二　能破方能立

“‘能破斯能立’，不用‘廓清擢浊’之力，无以收‘兴灭继绝’之功，区区一词，尚费尔许力量。”“千疏万注转沉埋”，只有克服传统的旧学缺陷，才能找到新路径。壮年的黄齐生已经深刻认识到以朱熹、陆九渊、王阳明等为代表的宋明理学的弊端，深刻意识到传统哲学“格物致知”方法的局限性。他认为需要先破才能立。正是出于这种认识，他才会在如此众多的大儒中单单挑选颜元作为重点研究对象，颜元经世致用的精神以及对宋明儒家的批判契合了此时黄齐生的思想。颜元看到了宋明儒学重视穷理尽性而忽视实际行动的静坐观心、穷理居敬的弊端，他猛烈抨击那种空疏不实、不接地气、难以应对实际问题的内在超越路向的致命缺陷，从而提出将“格物致知”转向实践，以“格三物”纠宋明儒家之偏颇，此种思想特征与实践取向和黄齐生这样有儒家情怀的仁人志士竟有某种程度共鸣，但颜元毕竟是传统的士大夫，避免不了时代的局限，他终究是一个儒生，他的思想只能带给黄齐生一些启示。

黄齐生在《寄仲谋慎先暨徐公桥诸学友》诗中写到："怂我北来莫踟蹰，先生有道必不孤。书成一卷还想慰，记否清游玄武湖。唯心唯物几纷争，看我兹编岂浪吟；翠竹黄花无限意，能观物处即观心。"此处的"唯心唯物"并不是指后世哲学教科书中讲的唯心主义与唯物主义，而是针对传统理学与心学中"心与物"关系而言，"唯心"是暗指儒家心学在"格物致知"问题上过于强调"心"的作用，过于突出"观心"功夫，而"唯物"则暗指理学家们在"格物致知"问题上过于强调"观物"即对外物"格"的功夫。由于双方争执了几百年，黄齐生把这种现象称为"唯心唯物几纷争"。他对这种玄虚的纷争显然不满意，既没有解答他的疑惑，对现实也无助益。接着他又指出，"翠竹黄花无限意，能观物处即观心"。此处他又借用佛教禅宗的一个重要理论命题来表达自己的观点。僧肇最先提出"青青翠竹，尽是法身；郁郁黄花，无非般若"。这一命题涉及禅宗一些关键问题，围绕它的争论从未间断过。"翠竹黄花"都是"物"，其中的"法身""般若"或者说"禅"和"理"如何"格"得？按照理学和心学的套路，无非在"物"或"心"上用功。禅宗却力图打破心、物二元对立结构，突破传统哲学的现象与本体二分模式而提出，自然中青青翠竹、郁郁黄花不是法相真如的媒介，自然物本身意义自在充盈，而非外在赋予。这种处理心、物的方式启迪了黄齐生："能观物处即观心。"但他的"观物"有强烈的实践倾向。

以实践改变世界，需要天时、地利、人和的条件。但对于当时旧中国而言，这种实践条件十分短缺。当然，这不能阻挡黄齐生的脚步。对于像黄齐生这样出生在一个大厦将倾的晚清，生活在社会衰落、民生凋敝的旧中国，却有救世情怀的知识分子而言，最大志向莫过于救亡图存，富国强民，这也是那个时代的强音和主旋律。黄齐生从小就尝尽了人生艰辛。这种人生经历使他与当时许多仁人志士一样，都希望从传统的"格物致知"中找到经世致用的办法，希望将道德学问与社会实践直接联系起来，既治心又治世，把学术上求真与致用结合起来。这种探索并非始于他，近代以来无数仁人志士曾尝试过将“求真”“求是”与“经世致用”相结合，从“以经术求治术”到“维新变法”，从“稽古论治”到“输入学理，再造文明”，从“乡村建设”到“以佛法求世法”等种种努力，莫不如此。黄齐生倾心创办教育，希望以教育开启民智，以知识作为改变社会、拯救国家的方式，与前人种种努力正是殊途而同归。然而，旧中国给黄齐生的条件极为有限，他的经世致用社会实践走得十分艰难。正是在这种背景下，他才会把长期困扰他的思想包袱破除，参悟到自强不息的道理，并将此作为自己的“格物致知”的心得。

“天行健，君子以自强不息”语出《周易·象传》。此句本意是指天道强健，锐不可当，与天相比，人类弱小无比，但幸好人有灵性，有识有觉，在强势的天道面前，只要人类积极努力，发奋图强，就能生生不息，正是这点让黄齐生“开悟”了。

黄齐生将“格物致知”参悟为“天行健，君子以自强不息”并没有遵循传统解释套路，不是对照传统文本予以注疏阐微，也没有写过专题性学术著述，而是以诗和散文形式画龙点睛式地表达观点。对于处于危难之中的旧中国而言，最需要的不是传统儒家的微言大义，而是自强不息的精神。在满目疮痍的旧社会，最急需的不是高言阔步、不务实际，空疏“格物致知”，更需要的是知行合一和勇于实践。

黄齐生以“天行健，君子以自强不息”来理解“格物致知”，把“致知”与“致用”结合起来的学风与实践，正是“把论文写在祖国大地上”绝佳榜样。面对百年未有之大变局，我们要心怀“国之大者”，掌握国之大局、国之大要、国之大事、国之大计，提高政治判断力、解决“看清楚”的问题，提高政治领悟力、解决“想明白”的问题，提高政治执行力、解决“干到位”的问题。我们唯有坚持

“天行健，君子以自强不息”，才能从容应对变局，只有把“致知”与“致用”结合起来，才是作为知识分子“坚持以人民为中心”“忧道不忧贫”的应有表现，也才能真正贯彻习近平总书记提出的“科学研究既是追求知识和真理，也要服务于经济社会发展和广大人民群众”这一要求，进而真正做到：为天地立心，为生民立命，为往圣继绝学，为万世开太平。

第二章　黄齐生的民主革命探索

习近平总书记指出，中国共产党自成立之日起，“为‘索我理想之中华’矢志不渝，‘唤起工农千百万’，进行艰苦卓绝的革命斗争，终于彻底推翻了帝国主义、封建主义、官僚资本主义三座大山，建立了人民当家作主的新中国”。[①] 朱德评价黄齐生“远在戊戌政变即抱着争取中国民主改革的信念，多年来为此奔走努力不懈”。[②] 他将教育救国实践与现时政治斗争相结合，以“不死则奋斗”的豪情积极投身民主革命，与志士仁人一道上下求索，追寻救国救民真理。经过近半世纪艰辛跋涉和审慎思考，黄齐生摒弃种种幻想，最终认定“只有中国共产党才能救中国”，实现了从改良派到革命派、从旧民主主义革命者到新民主主义革命者的彻底转变，成为党外人士同情、爱护党最早的一人。

第一节　冲破封建礼教的民主自由主张

戊戌变法后，中国社会矛盾日益尖锐，反清民主革命运动日渐高涨。从小博览群书、受西方民主思想和近代民族资产阶级维新思想

① 习近平：《在庆祝全国人民代表大会成立六十周年大会上的讲话》，人民网，2014年9月5日。

② 《爱国民主人士　贵州教育家黄齐生先生》，贵阳市档案馆，1998，第6页。

“启蒙”的黄齐生，虽为《革命军》中提出的“抛弃维新幻想，以激烈手段对付腐朽之清廷”的革命思想所震动，但作为一名晚清知识分子，一开始并不接受暴力革命主张。他志在教坛，期望通过传播科学、民主思想，唤醒民众冲破封建礼教束缚，实现人格觉悟，进而改造社会、救国图强。

一　解放思想倡导男女平等

男女平等，是指男女两性在政治、生活、经济、人格等权利中享有同等的权利和义务。但在中国的封建时代，大多数女性无法享有和男性一样接受正规教育的权利，妇女只能在家中接受父母祭祀礼节、纺织缝纫、刺绣烹饪等传统家庭教育，须遵守“女子大门不出，二门不迈”的行为准则。女性还要受封建时代畸形审美的缠足束缚，以形成所谓的“三寸金莲”，这导致女性的自由活动受到限制。

1901 年，黄干夫、凌秋鹗等人在贵阳忠烈宫创办达德书社（后来更名为达德学堂、达德学校），宣传“打开山门，放眼世界”① 的民主自由进步思想，达德学堂因此成为 20 世纪初，贵阳乃至贵州新文明的一个标志。② 1904 年，怀着教育救国图强的情怀和事业心，黄齐生毅然从贵州“群明社”经理职位辞职，到达德学堂义务任教，帮助大哥黄干夫解办学经费窘困的燃眉之急，从此开始了他毕生以学校为阵地的民主革命探索道路。

1905 年，随着中国上千年科举制度的废除，新学制迅速推广，女学逐步兴起，但在闭塞落后的贵州兴办女学史无前例。在这一背景下，达德学堂扩大招生，黄齐生当即破除陈规，提出男女享受教育平

① 《1901 达德诞生记》，《贵阳文史》2010 年第 3 期。
② 《1901 达德诞生记》，《贵阳文史》2010 年第 3 期。

等，倡议兴办女学，坚持“笑骂由他笑骂，风气自我开之!”[1] 的革命精神，当年招收女学生到校读书，还聘请了贵州有史以来的第一位女教师董德莹参与教学。黄齐生倡导妇女自由解放，反对女子裹脚，在达德学堂开展了一场“天足”[2] 运动。他首先让自己的侄女黄淑菜“放足”，不再裹脚，然后动员董德莹老师“放足”，很快“放足”遍及达德学堂和贵阳市区。不仅如此，黄齐生还在课堂上大力宣传男女平等，引导学生解除思想禁锢。他在讲授国文《木兰辞》时，热情褒扬花木兰女扮男装替父从征、报效国家勇杀敌的忠义之举，鲜明批判专制社会对女性的压制。甚至延伸讲述历来被朝廷列为禁书的《红楼梦》，控诉封建礼教的吃人罪恶，倡导婚姻自主。这些“创新之举”惊动了贵州督抚衙门，引起了封建势力的仇视，招来谣言四起，使达德学堂一时成为众矢之的。但是，它冲破了中国千百年的封建思想藩篱，树立了民主、平等的榜样，为贵州学界送来一阵新风。

在封建社会的旧中国，重男轻女的习俗、男尊女卑的训喻、“三从四德”[3]（未嫁从父，既嫁从夫，夫死从子；妇德、妇言、妇容、妇功）的所谓的“纲常伦理”根深蒂固，“嫁鸡随鸡，嫁狗随狗”的婚姻状况成为常态，妇女处于被歧视和被奴役的地位，婚姻由父母包办，妇女没有真正的婚姻自由。黄齐生旗帜鲜明地反对封建落后礼教，主张男女平等，支持妇女摆脱封建枷锁，积极倡导男女婚姻自由，尽力帮助青年男女脱离“包办婚姻”的苦海。在遵义省立三中任校长期间，黄齐生亲自参加改良社会的实践，在校刊上撰文宣传男

---

① 王鸿儒：《黄齐生传》，贵州教育出版社，1995，第 40 页。

② 王鸿儒：《黄齐生传》，贵州教育出版社，1995，第 40 页。

③ “三从”出自《仪礼·丧服·子夏传》：“妇人有三从之义，无专用之道。故未嫁从父，既嫁从夫，夫死从子”；“四德”出自《周礼·天官·九嫔》：“九嫔掌妇学之法，以九教御：妇德、妇言、妇容、妇功”。

图 2-1　在黄齐生的大力倡导下，达德学校率先在贵州开办女学（摄于贵阳市达德学校旧址，2021 年 11 月）

女恋爱、婚姻自由，促进社会新风尚，与旧思想、旧礼教进行坚决的斗争。他还为自由婚姻的青年男女余维德、杨德容主婚[①]，在婚礼现场制止了一场婚闹事件，保护了青年男女的自由婚姻幸福。侄儿黄受骧爱上家中使女影梅，担心父辈反对，一直不敢透露，未曾想却得到黄齐生的支持和祝福，足可见其思想之开明和平等民主的观念。一位名叫毛德性的县民向时任贵州省省长周西成提出“主张男尊女卑、不让女子入学，即使读书也只准读到高小，主张一夫二妻，恢复古风”等建议[②]得到周西成的同意和采纳，却激起了黄齐生的不满和坚决反对。他在周西成主政贵州一周年之际，撰写文章《多所警告》刊发于报纸上，委婉却坚决地指责周西成逆时代之潮流、全面复古倒退、钳制民众思想和平等自由的行为，“希望吾黔民众，了然于世界之大势，国民革命之使命，而为热烈之参加及拥护”。从中可见资产阶级民主平等思想对黄齐生的深刻影响及其顽强不屈的斗争精神。

① 王鸿儒：《黄齐生传》，贵州教育出版社，1995，第 170 页。

② 王鸿儒：《黄齐生传》，贵州教育出版社，1995，第 170 页。

二　不畏权贵同情支持革命

黄齐生一生钟爱民主教育事业，不愿做官，不畏权贵，一心只为人民打算。他在《寿守瑜百零九绝并序》中写道："辛亥功成竞做官，发财纳宠一班班；寻思我却无斯命，且守学堂当灌园。"尽管黄齐生无党无派，但是他为人公派正道，敢于主持正义，爱国爱民，追求民主自由。也正是因为这样的性格和追求，对于真正为国为民的革命者，黄齐生表示坚定的支持，而对那些虚伪的反动当局，则进行坚决的批评和斗争。

1911 年 11 月 3 日，"南厂兵变"在筑城打响了贵州辛亥革命的第一枪，推翻了清王朝在贵州的统治。[1] 为了表示对革命的支持，黄齐生满怀激情地对达德学校师生们说："如今，革命成功了，在这全城欢庆的时刻，我们头上的这条辫子，还能留下吗！""二百五十年前，清兵入关，神州陆沉，强迫人民剃发留辫，'留发不留头'，凡是不愿剃发留辫的，他们抓住就杀，不知残害了多少百姓。二百多年的耻辱啊！今天，终于到了剪掉它，洗雪耻辱的时候……"[2] 说罢，黄齐生亲自剪下自己的长辫，师生在他的带动下纷纷剪辫明志。剪辫运动影响着整个贵州的民主革命，激发了民众斗志，有利于打破封建桎梏，促进思想解放。

在黄齐生看来，不管是什么党派，什么人执政当权，只要是爱国爱民，为苍生排忧解难，他就支持；若是高高在上，置民众于水深火热而不顾，他就坚决反对，并进行强烈谴责，甚至是尽力抵抗。1919 年，为了筹集带领留学生去欧洲勤工俭学的路费，黄齐生向贵州军政府在上海的全权代表王伯群恳求资助，王伯群拉下脸说："留学生们

① 戴明贤、李晓：《石公黄齐生——黄齐生的故事》，安顺经济技术开发区，2018，第 86 页。

② 王鸿儒：《黄齐生传》，贵州教育出版社，1995，第 61 页。

回来（从日本）就回来了吧，又去欧洲勤什么工俭什么学，这不是多事，自找麻烦!”黄齐生听到王伯群这话，大怒道：“我黄齐生为贵州培植人才，东奔西走，义之所在，何为‘多事’！你们兄弟二人，王文华做了黔军总司令，你也做了议和代表，都当了民国大官，发了大财，声色犬马，一掷巨万，没有一点吝惜之色，如今资助几个学生，竟推诿至此，你想撒手不管？不行!”[①] 这一番话言辞犀利、掷地有声、态度鲜明，俨然革命斗士一般，彰显了知识分子的良知、气节与责任。面对黄齐生的凛然大义，无奈之下王伯群只得答应资助留学生部分路费。从黄齐生与王伯群的这番对话中可以看出，黄齐生性情秉直、不畏权贵，凡是利国利民的事，都义不容辞地务实推动。虽然在政治上没有明确的党派归属，却情系国家民族，坚守“忠”“实”为人做事之根本，尽一切可能践行教育报国理想。黄齐生这种“为天下计”的高尚品格也是他最终拥护中国共产党，成为革命同道人的深厚本质基础。

1930 年，为营救因在南京参加晓庄学校护校运动被捕的袁咨桐，黄齐生找到南京当时的实权人物谷正伦，恳求他解救袁咨桐。在谷正伦官邸，黄齐生说：“学生（袁咨桐）爱国有心，虽然行动过激，也不至于犯了死罪。袁咨桐只有十七岁，尚在学校念书，更不该如此判决。我特来请求释放!”谷正伦不但不答应释放袁咨桐，反而还阴冷地“警告”黄齐生：“如今人心唯危，千万不要被共党利用啊!”[②] 黄齐生向谷正伦气愤地反驳道：“我黄齐生是办教育的人，真理在谁手里，我就同情和支持谁，从不问是共产党还是国民党，什么利用不利用!”[③] 在谷正伦处求情未果，黄齐生并未放弃，抱着一线希望给曾是自己学生的谷正伦之妻陈谨写信，请她在谷正伦面前仗义执

① 王鸿儒：《黄齐生传》，贵州教育出版社，1995，第 118~119 页。

② 王鸿儒：《黄齐生传》，贵州教育出版社，1995，第 192 页。

③ 王鸿儒：《黄齐生传》，贵州教育出版社，1995，第 192 页。

言，尽全力挽救爱国青年的生命，但久未见回音。直到学生谢仲谋从南京中央大学来信，才得知袁咨桐、石俊等十余人被国民党枪杀在南京雨花台的噩耗。黄齐生失声痛哭，连夜赶往南京雨花台寻找袁咨桐的遗体，遍寻不见。在肃杀的秋风中，黄齐生欲哭无声，心中涌现无尽的痛惜与悲愤！痛惜的是热血青年为国牺牲、英年早逝，悲愤的是反动当局残酷迫害、令人齿寒。袁咨桐的死不能使黄齐生屈服，反而让他看清了国民党的嘴脸，逐步放弃幻想，坚定支持民主革命。

图 2-2　袁咨桐（后左一）与黄齐生（后左二）的合影
（摄于安顺市黄齐生陈列馆，2021 年 11 月）

可见，黄齐生满怀热忱地追求救国真理，坚决捍卫民主平等自由，力图通过破除封建思想羁绊唤醒民众，以教育推动社会进步，一开始却没有认识到帝国主义和一切反动势力的反动本质，甚至还抱有自上而下改良的希望与期待，殊不知民族内忧外患之际，没有先进阶级的领导和科学革命纲领的指导，非暴力革命不能摧枯拉朽，救亡图存，因此必然受挫。但这些挫折并没有阻止黄齐生克难向前的脚步，他一步步探寻革命真理，投身革命实践。

第二节　辛亥革命大潮中的民主革命实践

毛泽东同志指出："辛亥革命以后，谁要再想做皇帝，就做不成了。"① 辛亥革命推翻了清王朝的统治，终结了中国2000多年的封建君主统治，这是中国近代史上的一大创举。在辛亥革命时期，国内存在孙中山领导的"同盟会"和以梁启超为代表的"宪政党"两派斗争，贵州的"同盟会"和"宪政党"两派之间的斗争也十分激烈。黄齐生、蔡衡武等中立派积极在两党之间不断进行斡旋，促成了两党的团结，联合各方力量光复了贵州。袁世凯窃取辛亥革命果实，签订丧权辱国的"二十一条"。黄齐生极力反对，开展爱国主义教育，举行讨袁游行示威，并撰写"勿忘五月七日"警示后人，创作了《亡国恨》和《共和鉴》新剧宣传民主革命思想。

一　调停党派纷争助推贵州辛亥革命

戊戌变法失败后，黄齐生对维新思潮产生了怀疑，认为改良没有出路。此时，以孙中山为代表的资产阶级革命派逐渐壮大，《革命军》《黄帝魂》《民报》等一批宣传资产阶级民主革命思想的书报先后传入贵州，给黄齐生以极大启发。尤其是"群明社"董事长、贵阳民族资本家蔡衡武赠与的《革命军》一书，此书被清廷列为"禁书"，却对黄齐生产生了深刻影响。"革命者，天演之公例也；革命者，世界之公理也；革命者，争存争亡过渡时代之要义也；革命者，顺乎天，而应乎人者也；革命者，去腐败而存良善者也；革命者，由野蛮而进文明者也；革命者，除奴隶而为主人者也。"② 著者邹容满

① 《毛泽东文集》第六卷，人民出版社，1999，第346页。

② 王鸿儒：《黄齐生传》，贵州教育出版社，1995，第20页。

腔革命激情，对革命的热忱讴歌和呼唤振聋发聩，字字句句拨动了黄齐生的心弦，唤醒了他的民族民主意识，他仿佛看到了那个独立民主的新生共和国，不禁高声吟诵：“……尔历史之污点可洗，尔祖国之名誉飞扬，尔之独立旗已高标于云霄……”① 时值辛亥革命前夜，邹容在《革命军》中提出的只有打倒帝国主义的“奴隶总管”清王朝，中国人民才能获得民族独立和社会进步的观点，给抛弃了维新思想的黄齐生指明了新的方向。从此，黄齐生由改良派转到革命派，主张平等自由、民主共和、彻底推翻封建专制的清王朝统治，这为参加贵州辛亥革命奠定了思想基础。

1911 年，湖北武昌新军兵变发生起义，这次起义打破了中国沿袭几千年“父传子、家天下”的封建帝制统治模式，这年正值中国农历辛亥年（清宣统三年），这就是我国历史上著名的“辛亥革命”。辛亥革命在思想上和政治上给中国人民注入了不可低估的力量。在辛亥革命之前，国内各派政治势力的斗争十分激烈，已经发展到了白热化程度。以梁启超为代表的“宪政党”非常活跃，孙中山先生领导的“同盟会”发动了震惊中外的“广州起义”，湖北、四川、湖南和广州不断掀起护路之风，贵州反清斗争也处于一触即发之势。这如火如荼的革命形势，使“为天地正心，为生民立命”② 的黄齐生每时每刻都处在激动和兴奋之中。作为民主革命的踊跃支持者，身处贵州教坛的黄齐生在辛亥革命初期，主要是调停“同盟会”与“宪政党”革命纷争，团结力量推动民主革命。

辛亥革命爆发之际，贵州“同盟会”和“宪政党”两派之间斗争不止。一派是张百麟、黄泽霖等人组织的“自治学社”，他们以《西南日报》为喉舌。“自治学社”最初也主张立宪，由于多次遭到

---

① 王鸿儒：《黄齐生传》，贵州教育出版社，1995，第 21 页。

② 戴明贤、李晓：《石公黄齐生——黄齐生的故事》，安顺经济技术开发区，2018，第 83 页。

宪政党人的排挤和打击，后来逐步秘密加入了孙中山领导的“同盟会”，成为贵州“同盟会”分会的成员，与贵阳新军、陆军小学、抚台卫队、哥老会等反清力量联系密切。当时，平刚受孙中山先生派遣，回到贵阳加强“同盟会”的革命领导，贵州革命势力一时大振。另一派是以唐尔镛、任可澄、于德楷、华之鸿等世家大族为首组织的“宪政党”，他们以《黔报》为喉舌，创办有“宪群法政学堂”“通省公立中学堂”等。[①]“同盟会”和“宪政党”两党一开始就相互攻击，明争暗斗，俨然形成贵州革命的两座壁垒。[②] 黄齐生和黄干夫两兄弟最初在“同盟会”和“宪政党”两派之间各有侧重，黄干夫热衷于梁启超的“渐进”之说，倾向于“宪政党”；黄齐生则倾向于以推翻封建帝制为指向的“自治党”。黄齐生通过对孙中山先生提出的“驱除鞑虏，恢复中华，建立民国，平均地权”16字纲领的一番分析和解说，兄弟最终达成一致，以中立状态对待“同盟会”和“宪政党”两派之间关系，不为左右偏袒。当时，具有海外留学新学识背景的“群明社”董事长蔡衡武，在两派之间有很高的威望，“夙为两党所倾心”[③]，但蔡衡武属于“同盟会”和“宪政党”之间的中立派。黄齐生、黄干夫、凌秋鹗等人与蔡衡武关系非常密切，受其政治立场和思想观念影响保持中立，不断调停“宪政党”和“同盟会”两派之间的关系，陈述利害，分析时局走势。

黄齐生、蔡衡武等人的努力调停，终于说服了张百麟、任可澄、平刚、周素园等人，以“革命目的胥同，所差只偏私意”[④] 统一了目标，从而使两党消除前嫌，解除矛盾，相与缔约，团结一致，提携并进。1911 年 9 月 11 日，经黄齐生和蔡衡武的主动邀约，贵州“宪政

① 王鸿儒：《黄齐生传》，贵州教育出版社，1995，第 55 页。

② 戴明贤、李晓：《石公黄齐生——黄齐生的故事》，安顺经济技术开发区，2018，第 35 页。

③ 《爱国民主人士 贵州教育家黄齐生先生》，贵阳市档案馆，1998，第 25 页。

④ 《爱国民主人士 贵州教育家黄齐生先生》，贵阳市档案馆，1998，第 25 页。

党”和“同盟会”两派的核心人物张百麟、任可澄、周素园、黄干夫等，在贵阳崇学书局促成两派之间达成“尔毋我诈，我毋尔虞”的承诺，为联合推动贵州辛亥革命奠定了政治基础，凝聚了革命力量。

达德学校师生思想进步，自然成为宣传革命的重要阵地。在黄齐生的支持下，陆军小学的革命者在学校设立“历史研究会”，黄齐生亲任教习，痛陈时弊，激起与会者共鸣，坚定推翻清王朝的决心。黄齐生还说服打算单独发难的激进分子作和平与暴力两手准备，组织师生分领武器，参与稽查城防。[①] 经与两党磋商，周密布置，共襄义举，同时联络清廷驻军——新军响应起义，最终推动贵州和平光复。

二　组织游行示威反对“二十一条”

辛亥革命虽然推翻了帝制，赶跑了皇帝，结束了清王朝的统治，但由于资产阶级革命派的软弱与妥协，政权很快落入以袁世凯为首的北洋军阀手中，并积极谋划恢复帝制。孙中山看清袁世凯破坏共和的真面目，毅然发动武装反袁的二次革命，终因国民党力量涣散等原因而失败。日本帝国主义趁机攻占济南、青岛，进而占领山东大部，随即以支持袁世凯复辟帝制为诱饵，迫使其承认“二十一条”不平等条约。

“二十一条”的内容，如“承认日本继承德国在山东的一切权益，山东省不得让与或租借他国；承认日本人有在南满和内蒙古东部居住、往来、经营工商业及开矿等项特权；中国政府聘用日本人为政治、军事、财政等顾问”。[②] 从这些内容可以看出，这就是日本想独占中国、企图亡我中华而提出的赤裸裸的战书。1915 年 5 月 7 日，

---

① 谢孝思：《黄齐生》，《贵州文史丛刊》1981 年第 1 期。

② 雷文进：《“二十一条”签订始末》，《兰台内外》2012 年第 2 期。

日本政府向北洋军阀政府发出最后通牒，要求在48小时内完全应允“二十一条”。在日本的胁迫下，袁世凯最终接受了“二十一条”修正案，在“二十一条”不平等条约上签字。

“二十一条”事件激起了全国人民的愤怒和反抗。黄齐生强烈反对丧权辱国的“二十一条”，他在贵阳达德学校组织开展了一场深刻的爱国主义教育，义愤填膺地发表反对丧权辱国的“二十一条”演说。“这不是要把我们中国完全变成日本帝国主义的殖民地吗？主权丧尽，山河破裂，这样的民国还有什么希望？……”[①] 黄齐生痛心疾首的演讲深深地打动了在场的近千名学生，众人积聚的怒火瞬间被点燃，愤怒的呼号声此起彼伏：

“誓雪国耻！

打倒列强！

反对签订二十一条！

保我河山！

……”

黄齐生大声道：“多难兴邦，天道犹存。民国是国民的，一人专制的时代早已过去了。我们国民的责任，就是要捍卫我国主权、领土的独立和完整，建成孙中山先生所期望的独立、富强的新民国！”[②]

演讲结束后，黄齐生在贵阳市内组织了一次声势浩大的讨袁游行示威活动，强烈谴责袁世凯政府的卖国行径，向市民揭露日本帝国主义的狼子野心，宣传反帝救国道理。游行队伍从学校的忠烈宫大门出发，一直行进到贵阳市中心。师生们手执三角旗，高呼爱国口号，齐唱达德学校的《校歌》，“……德智体，三事育；智仁勇，三字诀。愿顾名思义，勿忘达德。改造国民为己任，颉颃欧美惟吾力……”

① 王鸿儒：《黄齐生传》，贵州教育出版社，1995，第81~82页。

② 王鸿儒：《黄齐生传》，贵州教育出版社，1995，第82页。

这既是师生的心声，也是黄齐生的心愿。一位名叫杨兴华的女青年教师在反袁演讲时声泪俱下，悲愤至极当场拔刀断指，血书“勿忘国耻”，将游行示威活动推向了高潮。游行回来，黄齐生悬腕挥毫，激动地写下“勿忘五月七日”几个大字，并铭刻在五尺高的石碑上，立于校园天子台前。随后黄齐生创作新剧《亡国恨》和《共和鉴》，影射袁世凯的卖国行径，使“观众认识到了亡国的惨痛，救亡的迫切，殉国的光荣，卖国的可耻，从而对窃国大盗袁世凯的卖国行为更加痛恨”，有力地宣传了爱国主义思想。[①] 时至今日，贵阳达德学校古迹犹存，时刻警醒着后人不忘国耻，奋发图强。

图 2-3 “勿忘五月七日”碑

（摄于贵阳市达德学校旧址，2021 年 11 月）

“二十一条”不平等条约的签订，让黄齐生再一次看到了国家的积贫积弱、北洋军阀政府的无耻无能和帝国主义的侵华野心，亡国灭

---

① 张笑尘：《回忆贵阳私立达德学校》，载《贵州文史资料选辑 7》，贵州人民出版社，1981。

种的危机感和紧迫感比任何时候都强烈。面对国难，作为感触最敏锐最具洞察力的知识分子，黄齐生一直思考并致力于推动民族意识的群体觉醒，这或许成为他日后带领学生出国勤工俭学，寻求救亡图存新的思想武器的动因之一。

三　讨袁护国捍卫民主共和

军阀袁世凯与日本签署了丧权辱国的“二十一条”不平等条约后沾沾自喜，以为复辟称帝得到日本政府的支持，迫不及待地痴心筹划复辟帝制，妄图做中国的皇帝。1915 年 8 月，袁世凯在北京指示杨度、孙毓筠等人成立了“筹安会”，以欺骗的手段拉拢部分有识之士参与“筹安会”，“筹安会”以《亚细亚日报》为阵地鼓吹恢复帝制。当时，贵州当局除袁世凯的亲信龙建章拥护袁世凯之外，其他军政当局都持观望态度。黄齐生激于义愤，即以达德学校名义，直接上书北京“筹安会”，希望有识之士明辨是非，坚决反对袁世凯复辟称帝。黄齐生给北京“筹安会”电文内容为：“北京筹安会诸君鉴：奉启谨悉，方今国势安危，全在执国者是否诚信相孚。君主之说实适足以惑乱人心，甚非国家之福，望速解散。敢布区区，贵州私立达德学校启。”[①] 1915 年 12 月 12 日，袁世凯沐猴而冠，公然宣布称帝，年号为“洪宪元年”，帝制复辟。

袁世凯称帝后，云南蔡锷第一个举旗拥军反对袁世凯称帝。黄齐生听到袁世凯称帝的消息后，满腔义愤，即刻写信给在铜仁的外甥王若飞，要他说服铜仁驻军彭公武团长起兵讨袁。彭公武深明大义，以共和国体为重，毅然起兵，此举促成滇、黔政府联合行动，加入护国大军阵营，坚决反对袁世凯称帝。1915 年 12 月 25 日，蔡锷、唐继尧等人通电各省宣告云南独立，组织护国军，讨伐袁世凯。时任贵州

① 王鸿儒：《黄齐生传》，贵州教育出版社，1995，第 87 页。

省省长刘显世派黄齐生为代表赴昆明，与蔡锷、唐继尧接洽讨袁事宜。黄齐生赴云南完成接洽任务后，与王若飞分道奔赴上海，密切联络各省反袁代表举事，之后游历了江苏、山东、河南、山西等地，积极投身于各地的讨袁护国运动。[①]

面对众叛亲离的讨袁局面，袁世凯于1916年3月22日被迫撤销帝制案，第二天下令立即废止所有“洪宪”年号。宣布称帝的“袁世凯做了83天皇帝，在全国人民的讨伐下，就连同他的‘洪宪’帝制，滚进了历史的垃圾堆”。[②] 护国运动的胜利说明辛亥革命后民主共和观念深入人心。以孙中山为代表的资产阶级民主革命派抛弃了资产阶级维新派的君主立宪制，提出了一系列关于民主革命的思想和主张。在此过程中，黄齐生深受孙中山资产阶级民主革命思想的影响，逐步摒弃改良主义幻想，接受“三民主义”，并且以自身的积极革命行动坚决捍卫民主共和的胜利果实。

辛亥革命是20世纪中国第一个最具有历史意义的大事件，它推翻了清政府的统治，结束了中国两千多年的君主专制制度，提供了完全意义上的近代民族民主革命新经验，打开了中国进步的闸门。但辛亥革命没能改变旧中国半殖民地半封建的社会性质，没有实现民族独立、人民解放，极端深重的民族危机仍迫在眉睫。在辛亥革命大潮中，黄齐生日益坚定民主革命思想，全力助推革命发展，不断探求救亡图存道路。他认为，谁能掌握真理，就同情和支持谁。换言之，谁能领导人民抵抗外来侵略，实现民族独立和人民解放，谁就能得到人民发自内心的信任和支持；否则，必将被人民所抛弃。

---

① 贵阳市政协文史和学习委员会：《师生忆达德》，1997，第29页。

② 陈政绍：《辛亥革命的性质及历史意义》，《南方论刊》2011年第10期。

第三节 海外勤工俭学探寻民主革命真理

辛亥革命之后，近代中国没有改变落后挨打的状态，依然是半殖民地半封建性质的社会，且陷入四分五裂和军阀割据局面，民主共和徒具形式，人民生活于水深火热之中。在深重的民族危机和社会危机面前，一批又一批先进的国人纷纷出走海外，学习西方先进科学文化知识，继续探索救国救民的道路和真理。黄齐生即其中之一。他带领贵州留学生东渡日本、西行欧洲勤工俭学，在实践中认识了阶级、阶级矛盾和阶级斗争。受外甥王若飞等革命志士的影响，黄齐生开始阅读马克思、恩格斯的著作，认为马克思、恩格斯是"先知先觉的圣者"，[1] 对马克思主义逐渐产生了研究的兴趣与认同的情感。

一 率留日学生声援五四运动

近代以来，许多仁人志士向西方学习强国之道，虽屡遭失败，但改变旧中国的强烈愿望又让他们屡败屡战。对此，黄齐生率学生留学日本之前，曾在上海谒见孙中山时请教过："先生革命若干次失败，每次失败之后作何感想？"孙中山说："我只觉得每次失败之后，办法正多！……既不可以失败而灰心，亦不能望困难而缩步。精神贯注，猛力向前，革命终有最后成功之一日。""当前之要务，便是建一支军队……唯有以武力去彼凶残，方能维护宪法，打倒那些以'共和'之名，行专制之实的军阀奸凶！"[2] 孙中山饱经挫折之后仍保有革命信心的伟人气度和救国方略令黄齐生豁然开朗、备受鼓舞，坚定了继续探索救国救民真理的决心。他似乎看到了中国革命的新希

---

① 《爱国民主人士 贵州教育家黄齐生先生》，贵阳市档案馆，1998，第 34 页。

② 王鸿儒：《黄齐生传》，贵州教育出版社，1995，第 98~99 页。

望，当即表示要学习孙中山先生的奋斗精神，回国后继续追随先生完成国民革命大业。临别之际，孙中山挥毫大书“奋斗”二字赠予黄齐生，再次有力地回答了他的问题。这次难忘的谒见，进一步加深了资产阶级民主主义革命思想对黄齐生的影响。

1917 年，黄齐生倡议私费派遣留学生，得到达德学校大力支持，当即选拔了熊铭青等 3 人留学日本。此事激起社会强烈反响，后当局才以官费半官费考送留学生 16 人，另有自费留学生十余人，一并由黄齐生带领东渡日本访学。其间，留学生们完全过着自修生活。黄齐生主动承担起责任，为留学生解决生活和学习上的困难，并认真考察日本的教育文化事业。这个似曾相识的国度对教育的重视和国力的强盛让他内心充满无限感慨，同时也对祖国的积弱不振、日本侵略中国的狼子野心深感忧心。

1919 年 1 月 28 日，中国代表团在法国巴黎和会上提出取消“二十一条”，取消列强在我国特权，归还我山东等要求，但合理的请求不但没有得到答应，巴黎和会反而将德国在我国山东省的权利转让给日本。这个决定深深激怒了在日本的中国留学生，也激怒了热衷民主革命的黄齐生，他慨然道：我中国“热血男儿，岂能置国家安危于不顾而闭门读书乎？”① 5 月 7 日是国耻纪念日，贵州留学日本的学生举行游行示威。当游行队伍经过日本帝国大厦时，看见大字标语“中国必须履行二十一条”！日本人庆祝他们外交“胜利”的一幕，让黄齐生与留学生们倍感耻辱，他们愤怒地喊出震天动地的口号：“誓雪国耻！废止二十一条！还我山东！还我主权！打倒卖国贼！……”②

5 月 7 日傍晚，留日学生接到北京爆发五四运动的消息。5 月 4

① 王鸿儒：《黄齐生传》，贵州教育出版社，1995，第 109 页。
② 王鸿儒：《黄齐生传》，贵州教育出版社，1995，第 111 页。

日，北京大学等十几所院校的3000余学生举行爱国示威游行，坚决反对巴黎和会关于中国山东问题的决定。游行的学生们火烧赵家楼，提出"外争国权，内惩国贼"的口号，遭到政府镇压，并逮捕30余名学生。五四爱国运动掀起的反帝反封建狂澜激荡着远在日本的中国留学生，大家不约而同提出回国声援的打算。黄齐生赞同留学生意见，深感必须回国声援，才能充分表达对日本帝国主义的痛恨，于是斩钉截铁地做出了率学生回国的决定。1919年5月8日，黄齐生带着何玉书、熊铭青离开东京，先期回到上海，为留学生们找到安身之所。接着，王若飞等30余名留学生相继回国，和黄齐生一道经常在上海街头发表演说，宣传革命思想，介绍留学生在日本东京举行的反帝爱国斗争，参加学生、市民和工人的集会游行等反帝爱国运动，并派代表回到贵州，支持成立学联支会，掀起了贵州学生爱国运动的高潮，有力声援了五四运动，使白话文教学得到进一步推广。[①] 黄齐生还将回国的留学生组成"贵州教育实业参观团"，一边赴各地考察，一边参加爱国运动，在游历中深化民族精神，在斗争中践行"智仁勇"之达德校训。

五四运动是中国人民彻底反帝反封建的伟大爱国革命运动，是一场传播新思想、新文化、新知识的伟大思想启蒙运动和新文化运动，是中国旧民主主义革命走向新民主主义革命的转折点。对于在民主革命中求索了多年的黄齐生来说，五四爱国运动好似一场甘霖，不仅滋润启迪着他对民主革命追求渴望的心扉，而且使黄齐生看清了帝国主义联合压迫中国的本质，开始反思资本主义文明的内在缺陷，重新思考中国革命道路问题。对此，毛泽东曾深刻地分析道："从一八四〇年的鸦片战争到一九一九年的五四运动的前夜，共计七十多年中，中国人没有什么思想武器可以抗御帝国主义。旧的顽固的封建主义的思

① 王鸿儒：《黄齐生传》，贵州教育出版社，1995，第112~113页。

图 2-4　黄齐生率贵州官费和自费留学生赴日本留学
［图为王若飞（后排中）在日本与同学的合影，
摄于安顺市黄齐生陈列馆，2021 年 11 月］

想武器打了败仗了，抵不住，宣告破产了。不得已，中国人被迫从帝国主义的老家即西方资产阶级革命时代的武器库中学来了进化论、天赋人权论和资产阶级共和国等项思想武器和政治方案，组织过政党，举行过革命，以为可以外御列强，内建民国。但是这些东西也和封建主义的思想武器一样，软弱得很，又是抵不住，败下阵来，宣告破产了。"① 显然，在五四运动前，黄齐生对革命真理的追求，是符合毛泽东的这一分析的。轰轰烈烈的五四爱国运动深入唤醒了维护民族独立和民族尊严的民族意识，也让黄齐生清醒认识到西方列强的侵略本质，落后就要挨打，必须集全民族的力量奋起抗争。而要实现民族独立，仅仅推翻封建帝制是远远不够的，亟待新的思想武器和新的领导力量推动反帝反封建革命。随后在欧洲勤工俭学时对马克思主义认识的加深和对共产党人革命活动的支持参与，黄齐生的革命思想慢慢发生了转变。

① 《毛泽东选集》第四卷，人民出版社，1991，第 1514 页。

二 旅欧留学探寻民主革命真理

作为一名有着鲜明革命立场的教育家，黄齐生一生奔走于民族解放和教育事业，并将两者有机结合，主张青年学生“进天然的社会学校”，激励学子关心国事，积极投身救国实践，在社会大学中经受磨炼，开阔眼界，淬炼思想，治学治智，而不能为文凭读死书。[①] 为此，他拜会了旅欧归国的梁启超，了解欧洲战后情况，积极组织勤工俭学团，决心率学生赴欧洲求取救国救民真理。正所谓“水尽山穷走何方？东洋游罢更西洋。百闻真不如一见，耳目从此大开张”。[②]

虽然当时资金短缺，但经过黄齐生的多方筹措，旅欧留学终于成行。旅欧三年间，黄齐生坚持教育救国初心，先后游历英、法、比、德诸国，对各国文化教育做了全面深入的考察。其中留居法国时间较长，一方面照顾留学生生活，为他们洗衣做饭，另一方面听同学们谈论见闻，共同讨论天下大事。当时正值第一次世界大战之后，欧洲工人运动蓬勃发展，马克思主义广泛传播。黄齐生亲自到铁厂当打铁工人，参加劳动“锻炼”，“认识劳资壁垒，与社会主义革命之哲学理论与方法”[③]，感受到资本家的残酷剥削与压迫。面对社会的黑暗和尖锐的阶级矛盾，黄齐生从前对西方资产阶级文明的幻想在不争的事实面前正一点点破灭，甚至发出“文明到此启怀疑”的感慨。他用诗歌表达了对阶级斗争的看法，“投身工厂学劳工，要识劳资两阵容。阶级森森成壁垒，怎叫世界不相攻？”

如果说西方社会劳资双方尖锐的阶级矛盾引起了黄齐生的深思，那么与外甥王若飞几番关于“改造中国的行动方法”的探讨则助推了其思想逐步转变。王若飞通过参加法国工人大罢工受到莫大启示，

---

① 王鸿儒：《黄齐生传》，贵州教育出版社，1995，第131页。

② 谢孝思：《黄齐生》，《贵州文史丛刊》1981年第1期。

③ 陈泽渊：《从档案看王若飞和他的舅父黄齐生》，《档案工作》1992年第3期。

认识到组织工人阶级团结起来走苏俄革命道路的重要性。在写给黄齐生的信中他说道，“当我们树立了信念和找到了一种行动方法的时候，我们就容易实现中国的改造了”。此时黄齐生虽然感受到阶级剥削的残酷和阶级矛盾的尖锐，但以他半世人生的体验，并不赞成“白刀子进、红刀子出”你死我活的阶级斗争，而主张调和劳资矛盾。因为他接触的像蔡衡武这类受过教育的“民族资本家”并不坏，中国的民主革命仍然需要孙中山这样的“资产阶级革命家”来领导，甚至希望将勤工俭学生培养成孙中山这般具有高尚人格和远见卓识的国之栋梁——他理想中值得信任和托付国事的人。所以他坚持认为中国的问题在于教育的落后。“社会的发展终是渐进的，渐进就得办好教育”，所以他愿意为此矢志奋斗，决不能因教育改造社会之法程序迟缓，而以革命取而代之。甥舅观点上的初始分歧并未影响探索救国真理。黄齐生以智者的宽容，鼓励支持王若飞以社会为学校，从实践中获取真知。此后王若飞经过思想淬炼，接受了马克思主义，与蔡和森、李维汉等交往甚密，并加入了“工学互助社”（后称工学世界社），组织勤工俭学生开展争取“生存权、求学权”的“二二八”运动和反对中国驻法公使及华法教育会侮辱、压制勤工俭学生，反对北洋军阀向法国借款的斗争。在此过程中，经王若飞介绍，黄齐生与徐特立、蔡和森等结识，经常聚会讨论救国道路，对王若飞组织参与的各项斗争始终给予热情支持，并站在斗争前列，多方奔走营救被监禁的留学生。他在斗争中看清了中外反动政府的丑陋嘴脸，深刻感受到勤工俭学生的爱国热忱和团结斗争的力量。

受王若飞影响，黄齐生开始阅读马克思的学说。马克思、恩格斯对资本主义世界的透彻剖析令他由衷敬佩，视为“先知先觉”。尽管以他的人生经验，彼刻并不完全相信阶级和阶级斗争学说，对苏俄革命道路尚有疑虑，仍寄希望于通过办好教育渐进地推动社会发展，但实践斗争中劳资双方的尖锐矛盾、资本家的残酷剥削压迫和中外反动政府的凶残面目进一步轰塌了他对西方资产阶级文明仅存的幻想。在"工学互助社"开展的无政府主义和马克思主义两种救国主张大辩论中，他坚决站在马克思主义一边①，并积极参与中国共产主义青年团主办的《少年》杂志编写工作。

此时，王若飞已经成为一名中国共产党党员，在即将奔赴莫斯科东方大学的前夜，甥舅在塞纳河边长谈。黄齐生讲起他对"格物致知"的感悟，认为"天行健，君子以自强不息"，寄语王若飞"艰难困苦，玉汝于成"。分别时刻，王若飞坚持用马克思主义观点"一切真知皆来源于实践，存在决定意识"回应舅父，看似不近情理的背后，却是对亲密舅父政治上最大的信任与关心，期望黄齐生认同自己选择的理想信仰和革命道路。尽管甥舅思想上还有差距，黄齐生仍然坚持教育救国梦想，但他对王若飞表示坚定的支持："我虽然不懂马克思主义，但我相信你们的人生选择是对的！"②

在旅欧追求革命真理的过程中，黄齐生对社会主义有了初步认识，与许多共产党人有良好的交往。也正是对共产党人有思想认识上的基础，在之后的革命岁月中，他一直关心爱护中国共产党，对接受马克思主义信仰的革命青年、共产党员的革命行为和主张也表示极大的保护和支持。1919 年底在欧洲勤工俭学期间，黄齐生与先在法国求知的陈毅有所接触。后黄齐生第二次赴延安，二人一见如故，相处近 7 个月，无话不谈、推心置腹，结成忘年交，即使陈毅离开延安返回华中之后，还"夙谊入梦寐"。"四八烈士"遇难后，陈毅同志在五言长诗《哀黄齐生先生》中对其高尚人格与不屈精神给予高度评价："惟我黄石公，一心与作对。自愿伴清寒，硬骨傲权贵……一心为人民，向前耻后退……如我在交末，延水长把臂。起坐沐春风，文

① 谢孝思：《黄齐生》，《贵州文史丛刊》1981 年第 1 期。

② 王鸿儒：《黄齐生传》，贵州教育出版社，1995，第 155 页。

采愧前辈。”体现了当时44岁的陈毅对67岁的黄齐生敬老尊贤的态度。《哀黄齐生先生》一诗充分表达了陈毅同志与黄齐生先生之间的深挚情谊，“是中国共产党统一战线史上一页生动记录”。[①]

海外勤工俭学使黄齐生对民主革命真理有了全新的认识。虽然是一个职微言轻的教师，但他以振兴国家民族为己任，不懈努力奋斗。在几十年求索中，黄齐生一直以无党无派主持公道的人自居，但在目睹了军阀割据混战、人民颠沛流离和国民党反动派的专制独裁后，特别是袁咨桐的就义和王若飞的被捕，眼看着爱国青年一个个为革命而献身，悲愤痛惜之余，他对共产党人为谋求民族独立、人民解放而勇于牺牲的精神有了深刻理解，对共产党人的崇高气节和远大理想无比钦佩，对国民党政府日渐丧失信心。于是，黄齐生逐渐把救国救民的希望寄托在中国共产党身上。正因如此，在国民党反动派迫害进步青年、中伤共产党时，他全然不顾威胁，坚决揭露当局的罪行和谎言，多方营救革命志士；在人民群众和进步青年中仗义执言，宣传共产党的正确革命主张和抗日救亡活动，甚至曾一度因“共党嫌疑”而遭到反动政府的通缉，却在与中国共产党人的交往中结下了深厚情谊。他认为“共产党是非分明，大公无私，待人宽厚，诚心诚意与一切民主人士合作；共产党人坚持真理和原则，愿意采取和平斗争方式”[②] 为人民争取民主自由，所以，他始终是中国共产党的同情者、爱护者。

第四节　到访延安坚定民主革命立场

全面抗战爆发后，黄齐生以极大的热情时刻关注着国家民族的命

① 李光斗：《陈毅的一首轶诗：〈哀黄齐生先生〉》，《江淮文史》1995年第6期。

② 谢孝思：《黄齐生（续）》，《贵州文史丛刊》1981年第2期。

运，积极支持和开展各种抗日救亡运动。在国共合作初期，由于国民党的消息封锁和造谣欺骗，很多人对共产党抗日持怀疑态度，黄齐生前往延安实地考察解放区情况，用事实揭穿国民党的谰言。后期为在共产党的领导下广泛团结抗战，黄齐生再赴延安，终于彻悟只有共产党才能救中国，“只有在共产党的领导下，一切政党和文化教育团体才能发挥积极作用。”[①] 实现了从旧民主主义革命者到新民主主义革命者的转变，坚定支持、拥戴党的革命主张。

一 初访延安坚定必胜信念

1937 年七七卢沟桥事变，日本帝国主义全面侵华。随着西安事变的和平解决，国共两党由内战到联合抗日，成为扭转时局的关键。在这危急存亡关头，中华儿女表现出空前的民族觉醒和民族团结，各界民众纷纷以不同的形式参加抗日民族统一战线，投入全民族抗战中去。黄齐生以极大热情投身于贵阳教育界抗日救国活动。为唤醒民众，激励群众抗日热情，他积极向群众演讲中国历代民族英雄抵御外侮的故事。国民党贵州省党部却无端干预，使许多活动无法正常进行，还制造传播“共产党抗日不积极，团结无诚意”的谣言。国民党的消息封锁和造谣欺骗，使很多人对共产党抗日持怀疑态度。黄齐生以自己对共产党人的了解，坚信这必是反对派的谣言，但苦于贵州交通闭塞、消息封锁，得不到有力证据说明真相。

1937 年 8 月，听说被关押近 6 年的王若飞已出狱回到延安，黄齐生从中看到国共合作、共御外敌的光明前景。欣喜之余，他决定亲赴延安探望，并实地考察陕北抗日根据地。[②] 1937 年底，黄齐生辗转千里到达延安，谒见了毛泽东及党中央其他领导同志，备受上宾礼

① 《爱国民主人士 贵州教育家黄齐生先生》，贵阳市档案馆，1998，第 67 页。
② 谢孝思：《黄齐生（续）》，《贵州文史丛刊》1981 年第 2 期。

遇。毛泽东称赞黄齐生是共产党最艰难的时候党外人士同情、爱护党最早的一人，并尊称他为“黄老先生”。黄齐生参观了解了延安在政治、经济、军事、文化教育等各方面建设情况，对延安的民主建设赞叹不已，专门著文《延安选举见闻记》，描述延安边区政府投票、投豆、香点、举手四种民主选举方法。在黄齐生看来，这四种选举办法考虑到了不同文化层次男女选民的实际需求，能比较充分地体现民意、发扬民主。尤其是“共产党人办事认真，生活刻苦，待人十分诚恳，没有国民党官场的那些陋习”，给他留下了深刻印象，和国统区反动当局的专制、迫害和腐败相比，共产党一切为劳苦大众着想的作风令他感动不已，评价延安是当今中国的一方净土，只有延安这样的作风和实践，才能够唤起民众。黄齐生对边区教育进行深入考察，从延安的新事物和新气象中得到诸多启发借鉴。他十分喜欢延安的抗战文艺活动，应邀提了意见和建议。还经常深入群众之中，了解民间风俗习惯，结合抗战宣传，讲解我国历史上民族英雄抗击外侮的故事，以己之力为抗日民族统一战线多做工作。

参观访问之余，黄齐生认真学习毛主席著作《实践论》《矛盾论》以及党中央文件，阅读中央领导人关于开展游击战争的文章，全面了解党的抗战主张，从中看到党的卓越领导能力和抗战胜利的光明前景。解放区军民奋发激昂、团结抗战的精气神更坚定了他抗战必胜的信念。相比之下，他对蒋介石的投降主义和国民党的腐败黑暗越发失望和愤恨，认为中国抗战唯一的希望在于中国共产党。1938 年 4 月，黄齐生结束延安考察返回贵州。途中，在武汉八路军办事处会见了周恩来，与周恩来就抗战形势、国共合作等问题进行了探讨。周恩来赞扬黄齐生为抗日救亡的神圣事业万里奔走的忘我精神①，使他备受鼓舞。通过初访延安，黄齐生进一步加深了对党的抗战方针政策的

① 谢孝思：《黄齐生（续）》，《贵州文史丛刊》1981 年第 2 期。

了解，看透了国民党反动当局的腐朽黑暗，逐渐把“夺取抗战胜利的希望寄托于共产党和边区广大人民以及大后方的民主力量。”[①]

从延安返回贵阳后，黄齐生应邀到各校、社团演讲，如实介绍解放区所见所闻和共产党领导边区人民艰苦奋斗、团结抗日的情况，以此揭穿国民党所谓“共产党抗日不积极，团结无诚意”的谣言，坚定民众抗战决心，激发团结抗日热情。此举却引起了国民党省党部的敌视，要他“为共产党少做一点宣传”，黄齐生义正词严地回答：“共产党抗日积极，有办法，我为之宣传，这确是我的义务。要我不讲，办不到!”[②] 他自号“石公”，以示老而弥坚，志向不移，“不死则奋斗，死了当歇气”。写下《解放歌》，表达对国民党当局的强烈抗争。由此不难发现，从延安归来的黄齐生，革命思想正悄然发生转变，犹如一位民主斗士，义无反顾地追求光明不畏艰难，在大后方宣传发动群众，以实际行动支持全民抗战。

随着抗日战争进入相持阶段，国民党反动当局依然消极抗日、积极反共，贵州当局更是凶狠地镇压群众的抗日民主活动，摧残抗日民主组织，屠杀革命青年。黄齐生又一次被迫离开贵阳前往昆明，在昆明参加了文化教育界抗日救亡活动，与西南联大抗日民主力量声气相通，受到青年学生的爱戴。1938 年 8 月，学生谢孝思因受反动派压迫，到昆明与黄齐生相聚，后一同入川，沿红军长征路线了解历史，广泛开展抗日宣传。10 月中旬，黄齐生抵达陪都重庆，拜访了八路军驻重庆办事处，了解陕甘宁边区和各根据地敌后抗战形势，得知抗战进入相持阶段。后由黄炎培介绍前往云南蒙自草坝，带领青年一面开荒创立新村，一面开展抗日救亡活动，深得当地群众的欢迎和拥护。为避免当局蓄谋陷害，黄齐生举家迁回贵阳摆郎乡，以达德学校

① 谢孝思：《黄齐生（续）》，《贵州文史丛刊》1981 年第 2 期。
② 谢孝思：《黄齐生（续）》，《贵州文史丛刊》1981 年第 2 期。

为阵地继续进行抗日宣传。他用赴法勤工俭学生求学和斗争的经历勉励师生克服战时困难，珍惜时光、刻苦学习、努力成才，做有益于人民的人。组织师生演唱《游击队歌》《在太行山上》《黄河大合唱》等抗日歌曲，到附近乡镇演出剧目《放下你的鞭子》《江汉渔歌》，积极开展抗日宣传文艺活动，极大激发了师生和周边群众的抗日救国热情。在中华民族生死存亡关头，黄齐生不顾个人安危，通过各种渠道广泛宣传介绍共产党的抗战主张和边区的兴旺景象，积极为抗日救亡奔走呼号，不仅有力地回击了国民党反动派的反共宣传，而且也扩大了党在国统区的影响，坚定了广大群众抗战必胜的决心和信心。

作为一个有影响的教育家，黄齐生和陶行知、沈钧儒、郭沫若、黄炎培等民主战士关系都很密切，[①] 经常与他们商议民主团结抗日救亡活动。1944 年夏，王若飞受中央派遣负责南方局工作并担任和国民党谈判的代表，其中一项重要工作就是动员和团结爱国民主人士，以便有力地同国民党进行斗争。因为黄齐生与中共许多领导人有交往，加上和王若飞的舅甥关系，他以这种特殊的身份，积极为党做了大量联系爱国民主人士的工作。

二　再赴延安转变革命思想

为在共产党的领导下进一步推动抗日救亡运动，1944 年底黄齐生由重庆出发第二次奔赴延安，做久居打算。沿途不仅舟车劳顿、物资匮乏，而且一路历经国民党关卡的严密盘查，艰辛可想而知。黄齐生却甘之如饴，且行且赋，采风访古，文人、教育家的诗情和革命乐观主义融为一体。

1945 年 1 月 31 日，黄齐生一行人终于抵达延安。阔别七年，延

---

① 张克：《毕竟播溪我辈师》，《贵州文史天地》1996 年第 3 期。

安面貌焕然一新，处处呈现欣欣向荣的景象，人民生活有所改善，团结抗战志气高昂。黄齐生非常关心抗战形势和边区政治、经济、文化、教育工作，认真学习共产党方针政策及毛主席著作，虚心听取各方面情况介绍，并深入周边各县调研考察，重点关注教育发展情况。他广泛接触革命干部、知识分子和劳动人民，应邀到机关、团体、学校进行演讲，愤慨揭露蒋介石国民党政府的法西斯专政罪行，讲述与共产党人的交往故事，表达再访延安的切身感受和对共产党信任与爱护之情。[①] 同时通过各种渠道向大后方宣传边区见闻，鼓励国统区亲友和学生坚持战斗、迎接光明，号召有志青年奔赴革命圣地延安。他和徐特立、谢觉哉、林祖涵、刘少白、钱太微等结成"怀安诗社"，志趣相投的革命前辈、民主人士此唱彼和，抒发情怀，书写华章，这一阶段也成为黄齐生诗作的盛产期。有佳作送毛泽东欣赏，受到主席称赞。朱德、陈毅有时也来参加吟咏。[②] 在这种自然、坦诚的交往中，黄齐生不仅与共产党人结下了深厚友谊，也感受了延安民主的氛围和同志间的温暖情谊。

再访延安，黄齐生深刻认识了国民党反共反人民的本质，对长期以来关于国共两党的片面看法，以及幻想走"教育救国""第三条路线"的错误思想进行了纠正。此前，黄齐生一直认为"国民党有其'历史性'，共产党有其'世界性'，谁也消灭不了谁，势必有待于第三者的调停"，[③] 国共两党必须切实合作，中国才有希望。所以他一不做官，二不参加政党。[④] 尽管他在中国共产党建党初期就和许多共产党人有良好的交往，一直关心爱护共产党，但在政治上他一直同党保持着相当的距离。[⑤] 黄齐生这种对国共两党的看法和"教育救国"

---

① 谢孝思：《黄齐生（续）》，《贵州文史丛刊》1981 年第 2 期。
② 张克：《毕竟播溪我辈师》，《贵州文史天地》1996 年第 3 期。
③ 谢孝思：《黄齐生（续）》，《贵州文史丛刊》1981 年第 2 期。
④ 谢孝思：《黄齐生（续）》，《贵州文史丛刊》1981 年第 2 期。
⑤ 张克：《毕竟播溪我辈师》，《贵州文史天地》1996 年第 3 期。

图 2-5　1945 年，黄齐生举家到延安后与欢迎的亲友合影
（摄于贵阳市达德学校旧址，2021 年 11 月）

“第三条路线”的想法，实际上代表了抗战胜利后中国民主党派的政治态度。

在中国革命过程中，由民族资产阶级、城市小资产阶级以及同这些阶级相联系的知识分子和其他爱国分子形成的中国各民主党派都是民主革命的主要力量，虽然都反帝反封建，在政治上都主张爱国民主，反对蒋介石国民党反动派的独裁专制，大多数都拒不参加国民党一手炮制的“国民大会”，坚决反对虚假的“多党政府”，不承认国民党的“宪法”。但是，中国的民主党派也存在很大的阶级局限性，他们在政治上主张“必须实现英美式的民主政治”，提倡资产阶级共和国方案；在抗日战争胜利后中国未来命运前途问题上宣扬“中间路线”，就当时形势而言，认为国民党不可能用武力消灭共产党，共产党也不能用武力推翻国民党，企图在国共对立的纲领之外寻找出“第三条道路”。实际上，民主党派这种政治主张，在当时的中国是根本行不通的，因为它走的是旧民主主义道路。中国战后所面临的两种命运、两个前途的尖锐斗争，决定了人们不可能走“中间路线”。

只要一接触到实际斗争，尤其是内战重起，就使持“中间路线”想法的各民主党派要么选择跟共产党走，要么跟国民党走，没有第三种选择的余地。[①] 以蒋介石为首的国民党当局不仅极度仇视日益强大的中国共产党，对主张“以民主的方式争取民主，以合法的行动争取合法地位”的民主党派、民主人士也充满敌意，不断地以暴力方式对他们实施迫害。

关于这个问题，毛泽东在党的第七次全国代表大会上就指出，在打败日本帝国主义后，中国仍然有成为一个新中国还是一个老中国的两种命运、两个前途。号召共产党人和全国革命群众对一切帝国主义及其反动派走狗放弃幻想，不惧威吓，拿起武器坚决保卫人民胜利果实，努力建立无产阶级领导的、人民大众的、新民主主义的新中国。这些思想观点都贯穿在他所著的《论联合政府》《抗日战争胜利后的时局和我们的方针》中，为中国革命指明了未来方向。第二次到访延安，黄齐生通过认真学习共产党的方针政策和毛主席的著作，透彻领会毛主席指示的精神，深刻意识到他关于国共两党的片面看法和“教育救国”“第三条路线”的错误，“认识到只有中国共产党才能救中国。只有在中国共产党的领导下，一切政党和一切文化教育团体才能发挥积极作用”。[②] 他将这种认识通过重庆八路军办事处传达给大后方的民主人士，发动一切可以团结的力量，与反动派斗争到底。在抗战即将胜利、国民党反动派加紧进行反共反人民的内战准备之时，黄齐生多次在延安举行的大会上严厉警告国民党当局：“你们如果坚持反民主、反人民的政策，必然身败名裂！”“……自从我认识了共产党，我就觉得中国的前途是光明的……”

两赴延安，黄齐生完成了从旧民主主义革命者到新民主主义革命

① 谢孝思：《黄齐生（续）》，《贵州文史丛刊》1981 年第 2 期。

② 谢孝思：《黄齐生（续）》，《贵州文史丛刊》1981 年第 2 期。

者的彻底转变。之前，王若飞在狱中书信里曾评价黄齐生的思想行动有如“托尔斯泰伯爵一流人物”，同情劳动人民的疾苦，痛恨上层社会的残暴，却不能以坚决的态度领导革命，解放劳苦大众，而只能做劳动群众的朋友。且“舅父思想，宗教色彩甚浓”。为劝导舅父转变思想，提高认识，王若飞即便身陷囹圄，仍不惜利用诀别的宝贵时间，开诚布公地畅谈共产主义理想，“我们的哲学，是认为一切东西是流动变化着。我们不仅要认识世界，而且要改造世界”。以这种特殊而朴素的方式表达对舅父最深切的关心。王若飞坚定的革命理想和崇高的革命气节极大地震动了黄齐生，中国共产党人为实现民族独立、人民解放而舍身取义的历史担当和坚定决心净化了他的灵魂。感佩之余，黄齐生深刻反思自身的观念和行动，经过数十年艰难探索和不懈斗争，在中国共产党人和王若飞等革命志士的深刻影响下，最终转变了思想认识，选择坚定支持拥护中国共产党！这个转变非一日之功、一蹴而就，他将清朝末期具有救世情怀的爱国知识分子探索民主革命道路的曲折过程充分展现，从中折射出近代以来中国人民为追求国家独立、民族解放而进行的艰苦卓绝的斗争，有力印证了中国共产党的领导是历史和人民的必然选择。这个转变来之不易，难能可贵，一旦完成，其信念倍加坚定，其行动无比坚决。

三　为求和平民主终献身

随着抗日战争的胜利，1945 年 8 月，毛泽东应蒋介石邀请到重庆举行和平谈判，周恩来、王若飞等参加。经过磋商与斗争，国共双方终于签订《双十协定》。毛泽东返回延安后，周恩来、王若飞等继续留在重庆谈判，促成了政治协商会议的成功召开，但内战的阴云愈发浓厚。1946 年 2 月 10 日，在重庆较场口举行庆祝政协成功大会时，国民党反动派特务闯进会场，当场殴打与会政协代表和群众，打伤大会主席李公朴、郭沫若、施复亮及新闻记者 60 多人，制造了震惊全国的“较场口血案”。“较场口血案”充分暴露了蒋介石国民党反动当局独裁专制的本质，也证明了民主党派所谓的“第三条路线”和“以民主的方式争取民主，以合法的行动争取合法地位”的方式在当时的中国根本行不通。

反动派的这一暴行，激起了全国人民的愤怒。延安各界为了抗议国民党当局的法西斯暴行，声援国民党统治区人民争取民主的斗争，一致推举黄齐生为代表，赴重庆慰问“较场口血案”的民主战士。临行前，黄齐生赋诗抒怀，对共产党领导中国革命寄予无限希望，“试看疾雨狂风后，尽有光风霁月来”。随后不顾 67 岁的高龄和国统区的危险，毅然接受重托，飞赴重庆慰问受伤的民主人士和群众，谴责反动派的血腥罪行，为争取和平民主不懈努力，使延安人民的心和国统区人民的心更紧密地连在一起。在重庆期间，黄齐生与老友沈钧儒、黄炎培、郭沫若、陶行知等晤谈，相互鼓舞斗志，展望民主形势，共同商议今后的斗争。他还通过写文章、做报告，向群众介绍陕甘宁边区民主建设的成就，给为争取民主而斗争的国统区人民以巨大的鼓舞和力量。任务完成后，4 月 8 日从重庆返回延安途中，因飞机失事于山西兴县黑茶山不幸遇难。当日与黄齐生同机的有王若飞、秦邦宪、叶挺、邓发等。黄齐生与“四八”诸烈士同葬延安。

“四八烈士”遇难后，重庆、延安各地极其沉痛地集会悼念，对人民教育家、民主斗士黄齐生一生予以高度评价。除毛泽东、周恩来在总的悼词中提到外，朱德《悼黄齐生先生》题辞也具有代表性：“贵州老教育家黄齐生先生是远自戊戌政变起即抱着争取中国民主改革的信念，多年来为此奔走努力不懈。我党成立至今多年中，始终是一个亲密的朋友。此次遇难，同样是民主事业的大损失，同样使我们感到深切的悲痛!”[①] 陈毅在长诗《哀黄齐生先生》中全面介绍了黄

① 王鸿儒：《黄齐生传》，贵州教育出版社，1995，第 282 页。

图 2-6　延安“四八烈士”陵园中黄齐生墓
（摄于延安，2022 年 3 月）

齐生的生平业绩，并给予崇高评价和无限敬仰：“近代教育家，党化争高位……惟我黄石公，一心与作对，自愿伴清寒，硬骨傲权贵……卓育众英才，当局累见罪……踉跄走天涯，经年战颠沛……何期黑茶山，甥舅同失坠。惨痛绝人寰，举国嗟玉碎……最后一哀悼，典型永戴佩……”痛惜之情溢于言表。[①] 林伯渠的七律《悼黄齐生先生》：“山尘意趣似髯仙，文教蜚声卅载前。惊坐聘谈饶正义，避秦亮节诩时贤。不道巴江人暂别，竟同吾党血相连。清寒文会那堪忆，读罢遗篇一惨然。”充分体现了黄齐生和中国共产党人的深厚情谊。郭沫若在《哭齐老》中表达尤为直白炽烈：“齐老，你的牺牲更增加我和人民的沮丧。你是因我而死，我今生今世永不能忘……我不愿再发牢

① 李光斗：《陈毅的一首轶诗：〈哀黄齐生先生〉》，《江淮文史》1995 年第 6 期。

骚，我只牢记着老师慷慨的词调：‘民主如船，民权如水，水涨奚愁船不高？’……”[①] 正如“四八烈士”纪念碑文记载：“……黄齐生先生是中国教育界的先驱者，人民的真挚朋友……”[②] 更是一个生命不息、奋斗不止的民主战士，他为中国教育事业和民主革命所做的贡献永远铭记在人民心中！

图 2-7　延安追悼会现场

（摄于安顺市黄齐生陈列馆，2021 年 11 月）

① 谭佛佑：《从学徒到新教育的伟大先驱者——黄齐生先生教育实绩述评》，《人口·社会·法制研究》2016 年第 Z2 期。

② 鉴真：《贵州著名教育家、毕生追求光明的民主战士——黄齐生》，《贵州档案》1996 年第 6 期。

第三章　黄齐生的教育思想

董必武曾有诗云："黔中教育茁新芽，人道先生第一家"，赞誉的正是黄齐生先生。20世纪初，中国近代学习西方历经由表及里的过程，从器物、制度逐渐向思想文化深化，一批有识之士认为应该走教育救国之路，实现全人格的觉悟，才能救亡图存。从清朝末年一路走来的黄齐生先生顺应历史潮流，毕生躬身践行教育救国理想。在继承中华优秀传统文化、批判吸收西方教育理念、融合自身教育实践的基础上，形成了时代特色鲜明的黄齐生教育思想，培养出以王若飞为代表的大批革命志士，像一面进步旗帜引领闭塞落后的贵州，让贵州走在了中国新式教育的前列，因此被誉为自学成才的平民教育家、近代贵州新教育的先驱。

第一节　黄齐生教育思想的来源

黄齐生毕生以教育为职志，他的教育生涯横跨几乎20世纪上半期，其中交织着这一历史阶段中国发生的各大政治事件。在为国家、民族奔走呼号中他始终坚持教育救国理想，一方面博览典籍群书，继承弘扬中国优秀传统文化，从延安的红色教育中汲取养分，另一方面以开放的心态睁眼看世界，远赴日本和欧洲考察西方教育体系优劣，批判吸收国外先进教育理念，兼收并蓄后亲自付诸教育实践，这为他形成独特的教育思想奠定了深厚根基。

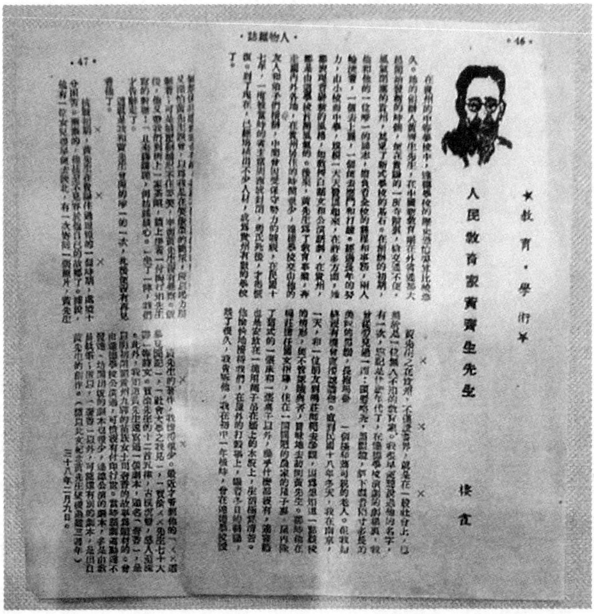

·人物雜誌·

·46·

★教育·學術★

人民教育家黃齊生先生

·47·

图 3-1　《人物杂志》1949 年第 4 卷第 3 期刊登的《人民教育家黄齐生先生》（摄于贵阳市达德学校旧址，2021 年 11 月）

一　来源于中华优秀传统文化

黄齐生以儒家仁义为本，汲取修、齐、治、平理念，崇尚入世进取精神，对孔子教育思想中培养仁人志士的人格理想尤其叹服，并且以此作为他努力奋斗的目标。“仁者爱人”[①]“君子谋道不谋食，……忧道不忧贫”[②]“富与贵，人之所欲也；不以其道得之，不处也”[③]“朝闻道，夕死可矣”[④]“志士仁人，无求生以害仁，有杀身以成仁”[⑤]

① 朱熹集注《四书集注》，岳麓书社，1985，第 372 页。

② 朱熹集注《四书集注》，岳麓书社，1985，第 201 页。

③ 朱熹集注《四书集注》，岳麓书社，1985，第 94 页。

④ 朱熹集注《四书集注》，岳麓书社，1985，第 96 页。

⑤ 朱熹集注《四书集注》，岳麓书社，1985，第 197 页。

思想都深刻地烙印在他的心底。孔子重视文、行、忠、信的教育。重身教，提出有教无类，学而不厌，诲人不倦。重乐教，认可儒家的“兴于诗，立于礼，成于乐”①。黄齐生积极继承并践行孔子的教育思想，在达德学校倡办女学，开办贫儿部，推行有教无类的平民教育，带领学生国内与海外考察游学开阔眼界，编演话剧寓教于乐启迪民众等，这些措施无不是孔子教育思想的体现和发扬。

黄齐生汲取了孟子思想中的民本主义精神，尤其欣赏孟子“得天下英才而教育之”，其乐也融融的精神境界，认为这是从事教育之人的最大幸福。孟子持志养浩然之气，“富贵不能淫，贫贱不能移，威武不能屈，此之谓大丈夫”。② 这种教育思想在黄齐生所作《胆力歌》及教育实践中得以充分体现。从教路上，尽管筚路蓝缕、栉风沐雨，他却从未放弃，尤其注重对学生胆力的培养和意志力的锻炼，面对艰难困苦，总是展现出如孟子“天将降大任于斯人也”那般百折不挠的坚强意志和昂扬向上的精神风貌。

黄齐生对荀子学以致用的思想“口能言之，身能行之，国宝也。口不能言，身能行之，国器也。口能言之，身不能行，国用也。口言善，身行恶，国妖也。治国者敬其宝，爱其器，任其用，除其妖”③和崇教思想“国将兴，必贵师而重傅……国将衰，必贱师而轻傅”④更笃信不疑。他毕生以国家为念，为探索教育救国道路四处奔走，无疑是受了这一思想的影响。

黄齐生治学本着《大学》“格物致知”传统强调实践的原则，服膺儒家“修身、齐家、治国、平天下”的道义，认为根本在修身。

---

① 朱熹集注《四书集注》，岳麓书社，1985，第132~133页。

② 朱熹集注《四书集注》，岳麓书社，1985，第330页。

③ 荀况撰《荀子》，杨倞注，耿芸标校，上海古籍出版社，1996，第284页。

④ 荀况撰《荀子》，杨倞注，耿芸标校，上海古籍出版社，1996，第293页。

如何修身？《大学》说："欲修其身者，先正其心；欲正其心者，先诚其意；欲诚其意者，先致其知，致知在格物。"格物是根本的根本。"大学之道，在明明德，在亲民，在止于善。"以修身为本，发扬明德，革新民心，而达到道德完善。

墨子重节俭，这一思想同样为黄齐生所赞同和践行。墨子认为天时难测，而人力有限，即便在贤明君主治理的时代，也不可能永久地风调雨顺。"然而无冻饿之民者，何也？其力时急，而自用俭也。""故备者，国之重也。"[①] 因此，富裕之时当有足够之忧患意识，养成勤俭节约之行为习惯，方可在灾荒来临时有备无患。黄齐生亲自率领学生赴法国勤工俭学，倡导学生勤俭、工读、互帮互助，从中可看出对墨子崇俭、刻苦、强力、兼爱等教育思想的传承。

不止于此，黄齐生在当学徒期间，偷空通读四书、五经、《史记》、《资治通鉴》、《楚辞》、《庄子》、《老子》及李白、杜甫的诗篇，遍览《西厢记》《水浒传》《三国演义》《红楼梦》等古典文学作品，甚至包括以康有为、梁启超为代表的维新派创办的《时务报》、强国会的书报等，都广泛涉猎。及至达德学校任教后，读书多而杂，经史子集，无不批阅，在中国历史、先秦诸子哲学和宋、明理学上尤其用功，还潜心研究古代教育思想。

中国优秀传统文化深刻地熏陶与浸润了黄齐生。孔子的有教无类、舍生取义，孟子的持志养气，荀子的学以致用，墨子的尚贤节俭等都是他教育思想的根基和底色，古典文学诗词作品则孕育了他谦和包容的师者德行和大义凛然的气节风骨，至于维新派传递的新思想新观点也在他的心里打下烙印，在育人实践中加以继承、运用和发扬，成为他现代教育思想的主要来源。

---

① 墨翟：《墨子》，上海古籍出版社，1989，第10页。

二 来源于西方先进教育理念

青年时代，黄齐生曾阅读《民约论》《天演论》《进化论》等近代西方资产阶级政治和哲学书籍，“主权在民”“物竞天择、适者生存”的观点和意大利统一、日本明治维新的成功，一定意义上助推了当时国内的维新变法运动，引发了黄齐生对泱泱大国救亡图存道路的最初思考。壮年时代的黄齐生为考察外国教育，足迹遍及日本、法国、英国等地，深入了解各国教育体系所长和存在的问题，感受西方所谓的民主、科学、平等思想；与美国教育家杜威对话辩论，批判吸收其合理部分，成为黄齐生教育思想的重要来源。

黄齐生看到，日本从国家层面到各基层都对教育极为重视，视教育为立国之根本，邑无不学之户，家无不学之人。对此，黄齐生深有感慨。日本人认为教育的投资是最有价值的投资，国家预算大约10%为教育经费支出，且逐年增长。[①] 政府重视教育立法，为保障学龄儿童免费义务教育专门颁布《修订小学校令》；私立学校和私塾发展迅猛、难以计数，教师教学认真，师生关系融洽，学校注重儿童团体精神、吃苦耐劳精神的培养等给黄齐生留下深刻印象。同时，政府鼓励创办私立大学，对师范教育尤为重视，为提升其本国的民族主义精神，把中国文化中儒家思想的“忠君、孝亲”等强调道德修养的学说纳入其师范人才培养之教育目标。但他对日本的军国主义和平民奴役教育十分厌恶。

英国注重教育立法，使义务教育既受法律保护又带有强制性。初等教育免费，普遍采用以儿童为中心，强调发挥老师和学生主动性的实用主义教学方法，重视对小学师资的培养。通过调查和比较，黄齐生发现英国的高等教育极其严格。在学位奖中，只有牛津、剑桥等世

① 王鸿儒：《黄齐生传》，贵州教育出版社，1995，第102页。

界上两所传统的顶尖大学才能通过严格的考试、论文答辩等环节，授予学生学士学位、硕士学位、博士学位。其他高等院校必须经国家学位委员会审核批准才能授予学位，且审批程序非常严格。但英国教育存在的问题也十分明显。高等教育发展极其缓慢，教学方法僵化，具有绅士教育的特点，很少引入新的思想和方法；著名的牛津大学和剑桥大学仅对贵族和富人敞开大门。为适应英国工业经济发展的需要，才又开设了 20 多所大学，如伦敦大学、曼彻斯特大学等，教育呈现社会化趋势。

法国教育与英国教育有很大区别。从教育制度上看，中央教育行政管控较多，在课程设置、教材等方面地方缺乏灵活性。初等教育的普及也由中央立法统辖，有计划地加以实施。至 19 世纪末，初等教育的普及率已经达到了 100%；以高级、初等教育及职业教育为特征的平民中等教育亦有了较大发展。黄齐生注意到，初等教育的义务普及，免费是重要前提。没有免费作保证，仅依靠强制，义务普及难以奏效。尽管承受了第一次世界大战的沉重打击，但法国政府坚持对初等教育免费的原则，不断提高教师的政治地位，尽力改善薪酬待遇，以此稳定教师队伍。问题是中央严格管辖下的学校被统得过死；国立中学与平民中等教育中贫富分化明显；普及教育的监督措施不力。尽管法国的适龄儿童都进了学校，学额却往往不能巩固。这些优势和弊端都为黄齐生的从教生涯提供了参考和借鉴。

五四运动前后，西方教育思想纷纷传入我国，其中影响最大的是约翰·杜威和他的实用主义教育教学理论。1919 年，黄齐生从日本回国，通过胡适拜访了正在中国讲学的杜威。随着对杜威教育思想的深入理解，他同意杜威通过教育达到改良社会之目标的主张及将教育与社会紧密联系的观点。特别是对杜威关于“欲彻底改造社会，首先当将教育做到愈益平民主义的地位”之意见尤其欣赏。但他认为“学校即社会”的教育思想在中国是行不通的。杜威以儿童为中心的理论他也一分为二地理解。从儿童的教育兴趣和需要开展教育，与中国传统教育理论强调“寓教于乐”有着同样的功效，但忽视了教师的管教作用，不可全取。学校教育重在“衔接新旧”，黄齐生认为这个观点与他过去在达德学校的教学实践相吻合。其他诸如反对“注入式”教学方法，强调学生参与实践，在“做中学”等，黄齐生都认为很有价值。但他不赞同杜威认为的阶级对立和阶级斗争的产生，是由于教育的不普及和工人的无知等。黄齐生不是一个阶级论者，可他以自身当学徒的苦难经历以及数十年的人生阅历对此提出了质疑。[①]

图 3-2　在北京时与美国教育家杜威的合影
（前排左二起为胡适、雷烽锋、杜威、黄干夫、黄齐生、王若飞，摄于贵阳市达德学校旧址，2021 年 11 月）

在黄齐生看来，西方教育之于中国最具现实意义的乃是实行义务教育和初等教育免费原则，在理念上最可取的当属民主、科学思想的灌输。在之后的教育救国实践中，均可见他将西方民主、科学思想和杜威教育理论中国化的事例。

① 王鸿儒：《黄齐生传》，贵州教育出版社，1995，第 115~116 页。

三　来源于毕生教育救国实践

实践是黄齐生教育思想的源头活水。他将中国教育的优秀传统和西方先进教育理念融会贯通并付诸教育实践，从中孕育形成了以重视平民教育，重视社会实践，注重人格精神养成为特征，以社会大学和成人教育准则为重要组成部分的教育思想，又回到实践中去指导教育实践。其理论朴实无华，内涵丰富博大，具有很强的实践性。

黄齐生学徒出身，励志苦学，参与创办了贵州第一所新式学校达德学校，并以敢为天下先的勇气倡办女学，促进男女教育平等；推行“天足”运动，主张妇女解放；开办“贫儿部”，帮扶贫困学子。这些平民教育举措引起社会强烈反响，开贵州学校教育之先河，是对孔子“有教无类”思想的继承发扬。为学习西方先进思想和科学文化，他亲率贵州留学生东渡日本、西行欧洲勤工俭学，考察借鉴西方教

图 3-3　黄齐生参与创办的达德学校旧址
（摄于贵阳市中华南路 14 号，2021 年 11 月）

育，探求救国救民真理，培养了以王若飞为代表的一批革命者和社会栋梁。20 世纪 30 年代，黄齐生辗转南北，积极投身于陶行知、黄炎培、晏阳初、梁漱溟等发起和开展的乡村教育及乡村改进工作达十余年之久，为提高贫苦农民的教育水平，促进乡村建设奉献心力，其中依稀可见杜威“以教育改良社会”的主张和“做中学”的理念。

黄齐生曾与文学革命首倡者之一胡适晤谈，双方一见如故。胡适的思想对黄齐生的教育事业产生了不可低估的影响。胡适关于爱国的主张“国是人人都要爱的，爱国是人人本分的事”深得黄齐生赞同，他不仅支持《文学改良刍议》提出的所谓文学“八事”：须言之有物、不模仿古人、须讲求文法、不作无病呻吟、务去陈词滥调、不用典、不讲对仗、不避俗字俗语，而且在教育教学中对这一文学革命主张积极付诸实践。他告知师生，“古文不可不读，但文字是随着时代变迁的，文化要普及，将来要推行白话文，才能和时代相适应”。[①] 在黄齐生个人诗作中，平白晓畅的风格充分凸显了“八不主义”的特点。

黄齐生先后两次到访延安，延安的夜校、冬学、识字班、救亡秧歌队等社会教育形式给了他诸多启发。这些社会教育不仅帮助农民学习知识文化，也成为中国共产党宣传群众、发动群众的重要阵地。边区的小学教育注重激发儿童的抗日爱国情感，提高思想觉悟，管理具有民主特色。鲁迅师范学校将教学与生产劳动相结合的方法符合黄齐生“生活即教育，社会即学校”的观点，这为他开展乡村教育实践提供了有益借鉴。在黄齐生看来，抗日军政大学和陕北公学是影响最大、最成功的边区高等教育标志，教师们运用启发式教学法培养学生独立思考、分析、解决问题的能力，充分调动学习的主观能动性。从这里走出的大批军政干部在党的领导下积极投身民族解放事业，就是延安红色教育的有力印证。

---

① 熊宗仁：《五四运动在贵州》，贵州人民出版社，1986。

在毕生教育救国实践中，黄齐生坚持开门办学，以社会为大课堂，组织师生先后参与辛亥革命、讨袁护国、五四运动、抗日救亡活动，引导青年学子在实践中认知社会，培养家国情怀，推动社会革故鼎新。同时编演进步话剧，面向民众广泛宣传反帝反封建思想和民主革命、团结抗日思想，使教育服务于社会，满足改造国民、启迪民智的需求，并与共产党人结下深厚情谊，最终成为革命同道人，为和平民主而献身。

综观黄齐生的一生，历尽坎坷磨难却始终执着于教育救国实践和探寻革命真理，不为高官厚禄所动，不为威胁恐吓所惧，上下求索、择善而从。因此，他的教育思想具有鲜明的时代特色和鲜活的生命力，及至今日，仍有十分重大的现实意义。

第二节　有教无类的平民教育

孔子是中国平民教育的创始人，主张“有教无类”，提倡人人不分宗族贵贱，不同阶级都应该接受教育，并将当时受教育的范围从贵族扩大到平民阶层，充分体现了他的平民教育思想。但其囿于男尊女卑，将妇女排除在教育对象之外，这是他的局限性。黄齐生继承了孔子“有教无类”的思想并加以发扬，从 1904 年毅然脱离商界，义务到民立小学堂（达德学校前身）任教开始，广开校门创办贵州新教育，提倡男女平等，主张妇女解放，普及民众教育，力行“有教无类”。

一　从教力主教育平等

达德学校是贵州第一批近代性质的新式学校，它的创立不纯粹是为了儿童教育的目的，而是应当时社会革命之需要产生，势必要在解决现时教育面临的两大问题上表现出革命性：一是用民主、科学思想来破除神权迷信，为革命奠定思想基础；二是改变私塾与书院制贵族式的教育形式，实现教育的平民化、普及化，为社会广育人才。1905

年2月23日，在黄齐生等同仁的推动下，民立小学堂以“智、仁、勇三者，天下之达德也”之义，更名为“达德学堂”。后增设初等预备班（幼稚班）、中学和女子中学，统称“达德学校”。达德学校的创立，打破了中国传统的封建教育体系，是贵州第一批近代性质的新式学校，开启了贵州近代教育的新篇章。

黄齐生到达德学校任教后，首先倡议兴办女学，促进教育男女平等，反对男尊女卑。尽管此一史无前例之举招来社会上一片笑骂之声，但他并不畏惧，坚定不移地以“笑骂由他笑骂，风气自我开之”的逆水行舟精神，招得十余名女学生，冲破封建旧礼教，实现男女同校，开贵州女子学校新学教育之先河。为顺利开办女学，黄齐生专门聘请董德莹为女小教师，负责女学生的教育和管理，董德莹也因此成为贵州省历史上第一位女教师。在黄齐生等同仁的努力下，学校规模不断扩大，3年左右学生人数从约10人达500人，其中男生350人、女生150人。1911年正月，学堂开办女子师范班，自此开始培养女子小学教师，为教育的平民化、普及化打下基础。

黄齐生主张妇女解放。他认为，“妇女解放应以精神解放为主，如果精神不解放，做事就会缺乏勇气和意志，胸襟也不宽阔，这不利于国家革新和发展”。[1] 可见，他的这一主张是从反对思想束缚、要求人格觉悟角度提出。黄齐生以为，女子若要争得和男子同等的地位，必先恢复天足。为此，他倡导“天足运动”，反对女子缠足，提倡妇女自己解放自己。并让自己的女儿、侄女以及教师董德莹带头行动，这一行动很快遍及学校和贵阳市区，产生了良好的社会影响。[2] 不仅校内女学生不缠足，贵阳市很多妇女也自我解放了。

---

① 何小英、罗鸿染：《黄齐生教育实践和教育理念系统研究》，《系统科学学报》2020年第3期。

② 谭佛佑：《从学徒到新教育的伟大先驱者——黄齐生先生教育实绩述评》，《人口·社会·法制研究》2016年第Z2期。

图 3-4　在贵阳达德学校任教时的黄齐生（前排左四）
（摄于安顺市黄齐生陈列馆，2021 年 11 月）

为了帮助贫穷儿童接受教育，1915 年，黄齐生主持开办“贫儿部”，免费吸收 20 多个家庭贫困交不起学费的儿童入学，并赠送课业用品，还专门聘请出身贫寒、品学兼优的达德学校毕业生王世祥任教，现身说法激励贫困儿童用功读书，努力成才。[①] 这样的扶贫教育，在当时由私立学校开办，实属难能可贵，对落后封闭的贵州扩大教育的社会基础和人才来源、提高市民素质起到了积极的推动作用，深得家长和社会的赞赏。

除立足学校办好平民教育外，黄齐生还采用编演话剧、设立“历史研究会”、开办《达德周刊》、创办“贵山民众图书馆”、公开讲演等方式满足社会对教育的需求，广泛唤醒启迪民智，推动社会民主革命。尤其是以《维新梦》为代表的进步话剧演出，充分发挥了

① 王鸿儒：《黄齐生传》，贵州教育出版社，1995，第 75 页。

话剧作为“活教材”的育人作用。当时的报刊《筑国阳秋》评论文章赞扬“于学校教育和社会教育均两得之”。[①] 由此可以认为，编演话剧不仅是黄齐生广开校门面向民众普遍开展反帝反封建教育，传播民主、科学思想的有效方式，也是促进社会教育平等的重要载体。尤其在当时闭塞落后的贵州，这种无门槛的别开生面的平等教育形式极大地鼓舞了民心，促进了思想解放。

二　融汇中西教育理念

达德学校秉承“智、仁、勇”的校旨和“好学、力行、知耻”的校训。黄齐生将其阐释为：我们要有学问，有道德，有勇气，这就是我们的宗旨。这一宗旨源于《礼记·中庸》之“好学近乎知，力行近乎仁，知耻近乎勇。知斯三者，则知所以修身；知所以修身，则知所以治人；知所以治人，则知所以治天下国家矣”。孔子认为从好学、力行、知耻这些浅近的事情入手则知如何修身，进而达到智慧、仁爱、英勇这一社会共同的道德境界，实现“治人”，直至“治理天下国家”。黄齐生全力践行这一宗旨，融汇运用中西教育理念和方法，解除封建思想禁锢，以教育为职志，着力培养社会栋梁之才。

黄齐生善于运用孔子因材施教、因势利导以及孟子持志养气等教育思想[②]，引导学生发挥长处，弥补不足。侄孙黄晓庄就是一个典型例子。黄晓庄从小顽劣不羁，在《歇马场示霁》一诗中黄齐生一分为二地指出他的优缺点，既批评他“自大”“傲慢”等“恶德”，又表扬他“敢作敢为”的优点，强调“善须培养，恶当痛戒”，在鼓励发展个性的同时又不放任，按照孔子“为仁由己”的自我教育方法，晓之以情、动之以理，耐心引导培养黄晓庄德行的自觉性。在他看

① 《1901 达德诞生记》，《贵阳文史》2010 年第 3 期。

② 王鸿儒：《黄齐生的教育生涯与教育思想——写在〈黄齐生传〉出版之后》，《贵州文史丛刊》1996 年第 3 期。

来，品性的修养，尤其要紧。[①] 黄齐生在国内四处奔走，随身带着晓庄以增长见闻。晓庄既会作词又能谱曲，很有艺术天分，对诗词的领悟颇得先生之意。但在日常教育中先生不轻易夸奖晓庄，以防他骄傲。几经历练，晓庄不负爷爷的悉心调教，音乐才能充分发展，曾考取音乐院，是同批录取生中年龄最小者。[②] 晓庄先后随黄齐生两赴延安，深受革命教育，人格日趋干练沉稳。曾在延安鲁迅艺术学院学习并教授大提琴，始终坚持用一颗诚挚火热的心为人民创作，写了不少歌颂延安和革命的歌曲，其中歌曲《往哪里逃》发表在党的机关报上，为动员群众奋起抗战发挥了积极作用。[③]

对朋友之子尔强的教育同样体现出孔子"因材施教"的教育思想。黄齐生亲自给他上课，检查作业，发现尔强的不足之处后，不厌其烦地指出并督促改正，还专作《勉尔强》一诗，将他常用错的字汇集其中，便于记忆和更正。"尔强尔强！为甚么？我为予，尔为你；笑非哭，低易底；辨雌雄，分牡牝；纷要解，乱要理。举一反三，如斯而已。尔强尔强！胡为乎？不识圣，不识贤；不识酱，不识盐；洽念作冷，廷误作延；混亨为享，写管作菅；何者是寇？何者是冠？数不尽，且止焉。"随后指出尔强问题所在，提出改进意见。"总由心思放而不收，眼光散而不聚。从今后，心要专，莫大意；字要识，须勤记。这才不辜负姐姐说你有福气。"聊聊数语，循循善诱、诲人不倦的师者形象跃然纸上，其良苦用心可见一斑。[④] 墨子励志苦行的教育思想也为黄齐生所传承和践行，他亲率学生赴欧洲勤工俭学就是鲜明例证。黄齐生毕生奉行文行忠信，像孔子率徒周游列国

---

① 王鸿儒：《黄齐生传》，贵州教育出版社，1995，第 259 页。

② 黄万机：《黄齐生诗词浅论》，《贵州社会科学》1982 年第 4 期。

③ 《黄齐生与安顺幺铺青苔堡》，安顺经济技术开发区文体广电旅游局，2017，第 162 页。

④ 王鸿儒：《黄齐生传》，贵州教育出版社，1995，第 257 页。

一样带领学生四处求学访道、游历交流，引导学生认知社会，拓宽眼界，在做中学，身体力行，这充分体现了中国古代优秀教育思想对黄齐生的深远影响。[①]

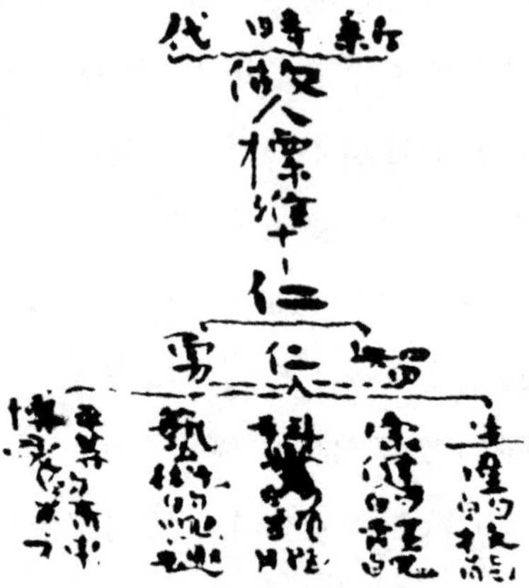

图 3-5　黄齐生的“新时代做人标准”
（摄于贵阳市达德学校旧址，2021 年 11 月）

对西方教育理念择善吸收。黄齐生赞同美国教育家约翰·杜威关于教育联系社会的观点，但认为“学校即社会”的教育思想在中国行不通，反之认为“社会即教育”，提出社会大学思想。他尤其不同意杜威关于“教育不普及，引起阶级对立及阶级斗争”的观点，这是从他自身成长经历中得出的结论。[②] 黄齐生将国外考察获得的先进教育思想、教育方法引进教学实践之中，主张“从做中学”，注重学用结合，践行知行统一。据遵义“老三中”学员回忆，黄齐生教育学生不读死书，注意对学生进行生活指导。主张教学要与生活实践相结合，提出教学要走出课堂，让教学实践活动成为学生的生活习惯。

---

① 王鸿儒：《黄齐生的教育生涯与教育思想——写在〈黄齐生传〉出版之后》，《贵州文史丛刊》1996 年第 3 期。

② 王鸿儒：《黄齐生的教育生涯与教育思想——写在〈黄齐生传〉出版之后》，《贵州文史丛刊》1996 年第 3 期。

他开授“人生哲学课”，畅谈自己在日本、欧洲，以及在全国各地的考察见闻，用进步、民主思想理念启发学生思考社会问题，关心国家大事，使三中出现生动活泼的学风。①

大力破除思想禁锢。黄齐生抛弃“忠君、尊孔、尚公、尚武、尚实”封建教育宗旨，课堂上不讲封建伦理道德，不读经讲经，转用民主、科学的新思想、新文化、新知识教育学生。不仅注重知识传授，而且注重身心健康和人格精神的养成，以培育全面发展人才为要旨。学校创办之初即以《时务三字经》《天文歌略》《地球韵言》《启悟要津》等为课本，后初小设置国文、算术、修身、习字、图画、音乐、手工、体操八项课目；高小课目除上述课程外，还有英文、历史、地理、理科四项，基本覆盖德育、智育、体育和美育。黄齐生刚到任遵义省立第三中学即建立早操制度，通过开展篮球、乒乓球等球类运动和田径项目锻炼学生体质。他在《别山东乡村建设研究院同学兼呈漱溟先生暨院中诸先生因寄南中诸师友》中写道：“学说从不计新旧，先问人格真非真。”在《勉仲七绝六首》有“君看一颗青莲子，不染污泥植亭亭。”“莲出污泥何所染，莫教环境限前程。”勉励学生们要像莲子那样出淤泥而不染，塑造正直的人格。②黄齐生反对“两耳不闻窗外事，一心只读圣贤书”的旧式教育禁锢，主张学生积极参与社会实践，参加社会政治斗争，认为“政治与教育不能脱离”。这与当时办学校不纯粹是为了儿童教育，而是一种为社会革命准备的组织形式有密切关系。他带领师生摆脱旧思想旧礼教的束缚，反对包办婚姻；将《革命军》《民报》《新民丛报》等影响大的进步书刊推荐给学生，引导他们接受新思想；带头走出校门参与辛亥革命和讨袁护国斗争，以实际行动为学生指路，引领青年成长。

① 戴明贤、李晓：《石公黄齐生——黄齐生的故事》，安顺经济技术开发区，2018，第114页。

② 黄万机：《黄齐生诗词浅论》，《贵州社会科学》1982年第4期。

王若飞曾撰文回忆，达德学校的创办者们大多受当时革命的影响，不满足于封建专制统治下的神权迷信生活与知识，奋力谋求新的出路。所实行的教育路线，要适合当时革命的潮流和最进步的革命阶级的利益思想。因此，他们不仅注重课堂教育，更关注对学生进行全面的指导。不仅不回避现实政治斗争，不阻碍学生参与社会政治活动，反而努力唤起他们社会政治活动热情并积极加以引导，努力使课堂的讲授与生活的实践打成一片。[①] 在这种融贯中西的教育思想熏陶下，一大批学子，如王若飞、李策、严金生、贺正辉、聂汝达、戴绍明、杨光文、刘载明等勇敢冲破封建思想藩篱，为革命做出了贡献。

三　为国培育栋梁之才

黄齐生在达德学校首倡以时代精神严谨治校，以先进的思想文化培育新人。他就像长夜里的一盏灯，为学生照亮前行的路；像夏天里的一汪泉，将民主科学思想注入青年心田；像隆冬里的一笼火，带给贫寒学子人世温暖。他既是严师又如慈父，言传身教，诲人不倦，呕心为国培育栋梁之才。

其第一件作为，就是将时年 8 岁满身疥疮的外甥王运笙接来贵阳，改名“若飞”，供读于达德初等预备科（幼稚班），为王若飞的革命人生开了一个好头。[②] 由于从小身心健康受到严重损害，刚入学时王若飞读书十分吃力，只能留级。黄齐生十分体察外甥，不仅没有抛弃，反而倍加关心，使王若飞的病体很快痊愈，学业也逐渐长进，还连跳两级进入高等小学，以优异成绩提前毕业。黄齐生曾用“理有不可解，十岁心花放”的诗句表达对外甥成长进步的欣喜之情。之后，黄齐生又带着王若飞出国留学，从日本到法国，鼓励支持他参

① 王若飞：《对于过去所受母校教育的印象》，《贵州文史丛刊》1981 年第 1 期。

② 谭佛佑：《从学徒到新教育的伟大先驱者——黄齐生先生教育实绩述评》，《人口·社会·法制研究》2016 年第 Z2 期。

加革命活动，共同探索革命道路。尽管起初观点不同，但黄齐生从不以长辈之威压制王若飞，而是耐心聆听、亲身实践、共同探讨。直到1923年春，黄齐生在塞纳河畔送别已经加入共产党的王若飞赴莫斯科东方大学，至此完成对王若飞的培养，使其走上革命道路，最终成为革命同路人。陈毅同志在诗中对这段千古舅甥情这样描写："舅义高于天，甥才亦十倍，舅甥兼师友，风义世最称。"表达了对黄齐生之于王若飞培育之功的高度肯定。

图 3-6　黄齐生对王若飞严谨治教
（摄于安顺市青苔堡，2021 年 11 月）

作为黄齐生的"得意门生"与"忘年之交"，贵州习水人袁咨桐是继王若飞之后黄齐生培养的又一个革命者。袁咨桐原名袁荣先，生性聪慧、活泼、倔强，父母送来求学，托付给黄齐生教养。黄齐生视为螟蛉之子，待如己出，为其更名为"咨桐"，带在身边悉心教育，塑造优良学风和正直品格。袁咨桐像王若飞一样，跟随黄齐生走出僻陋的贵州到晓庄学习，开阔了眼界，接受了新思想，不仅学业精进，且善于独立思考，敢于表达见解，绝不盲从。他曾在一篇名为《战争》的日记中叙述了自己驳斥“人类以战争求幸福”的错误观点，认为少数人以战争求“幸福”，大多数人不以战争求幸福。[①] 写下这则日记时，袁咨桐入学不久，还是个六年级的学生，从中可见黄齐生对他的巨大影响。在党组织的启发引导下，袁咨桐接受革命思想，投身革命洪流，入团后担任团支部书记，积极参加党团组织发起的斗争，成为革命的新生力量。[②]

黄齐生认为“欲兴贵州，必先培养人才”，尤其重视培育贵州乡土人才。辛亥革命之后，他在贵州首倡自费留学，并以达德学校名义筹资选派 3 名优等生赴日留学。后经多方筹措，获官费留学生 8 名，半官费生 8 名，自费生十余名，他亲自率领前往日本留学，如慈母般为诸生洗衣做饭，操劳生活杂务，还利用课余时间讲国学，用岳飞精忠报国的壮举激励学子为救国而努力读书。黄齐生为贵州培养了包括王若飞、刘方岳、李淑元、熊铭青、刘嵩生、谢孝思等一批栋梁之才。[③] 其中刘方岳赴日本留学归国后，有赴马克思主义经济学发源地英国学习经济、考察工业革命之念，但苦于没有途径和经费。黄齐生获悉后，亲自带领他拜访康有为，为其求学积极铺路搭桥。康有为当即致信其女婿驻英公使罗仁仲，要他协助“爱国志士刘方岳君完成学业，归国致用”。后经罗仁仲牵线，刘方岳进入伦敦经济学院学习。为筹措旅费，黄齐生多方奔走相求，最终争取到前黔中道尹王伯群、商务印书馆张菊生、“群明社”蔡衡武的资助，勉强募足经费。如此，刘方岳的英国求学才得以顺利进行。[④]

作为一名教师，黄齐生特别关注家境贫寒的学生，对他们因材施

---

① 王鸿儒：《黄齐生传》，贵州教育出版社，1995，第 185 页。

② 王鸿儒：《黄齐生传》，贵州教育出版社，1995，第 186 页。

③ 王鸿儒：《黄齐生的教育生涯与教育思想——写在〈黄齐生传〉出版之后》，《贵州文史丛刊》1996 年第 3 期。

④ 何小英、罗鸿染：《黄齐生教育实践和教育理念系统研究》，《系统科学学报》2020 年第 3 期。

教，主动帮助他们解决学习和生活困难，像生父一般爱才惜才举才。黄爱骧、严金操、蔡之璋等都是他资助照顾的对象。黄齐生还常用自身经历启发晓庄、广成、复君等身边孙辈。“我常感任何个人之能有所成就，必有其周遭的原因与条件。”随后以孙中山领导的辛亥革命和毛泽东领导的抗日斗争为例，说明凡成大业者必然要有同心同德的领导集体，要获得老百姓最广泛的支持。孤家寡人任何时候都成不了事！“大至政党国家是如此，小至我们自己的家里，我们周围的人，以至我们自己无不如此。”[①] 这些为人做事的道理深入浅出，循循善诱，在潜移默化中种下民主、革命的种子，引导青年人找准方向，明辨是非。

第三节　启迪民智的社会教育

黄齐生的社会教育思想包括两个方面，一是教育须以社会为学校。即教育家不能脱离现时的政治斗争，而是正确领导学生积极参加社会政治斗争，努力使课堂教学与生活实践打成一片，以获得活认知。二是教育须服务于社会。即教育要面向社会，满足改造国民、唤醒新社会的需求。[②] 从辛亥革命、讨袁斗争到全面抗战，黄齐生率领师生积极参与革命斗争，让师生在社会大课堂中成长；同时采用编演话剧、开办周刊、创办民众图书馆等方式广泛唤醒民众、启迪民智，为民主革命奠定群众思想基础。

一　教育以社会为学校

黄齐生的教育观念在当时来看极为先进，他反对俗套而迂腐的教

① 戴明贤、李晓：《石公黄齐生——黄齐生的故事》，安顺经济技术开发区，2018，第159~160页。

② 王鸿儒：《黄齐生的教育生涯与教育思想——写在〈黄齐生传〉出版之后》，《贵州文史丛刊》1996年第3期。

育观念，主张不应该仅仅将教育局限在书本学习上，学生要敢于走进社会、融入社会，在社会的大风大浪中锻炼成长。黄齐生认为，社会才是真正的大课堂，教育应该引导学生走进这个社会的大课堂。学生在社会中，可以摒弃书呆子气，多鲜活气，学生应该在社会中向实践学习，向民众学习，这是其社会教育思想的内涵之一。

1946年3月，黄齐生代表延安各界赴重庆看望受伤的民主人士期间，了解到在共产党的支持下，陶行知在重庆创办了一所奉行生活教育理论的新型大学——社会大学。社会大学是陶行知先生生活教育理论的一个方面，是他实践“社会即学校”思想，但又不同于晓庄、育才一类正式学校的大学校。这与黄齐生的“教育须以社会为学校”一致，他对此十分赞赏，应邀撰文《社会大学的我见》，以亲身经历一针见血地批判所谓正统教育，强调社会教育的重要性，充分肯定并寄予光明未来：“我以为一切好风气，一切好制度，都从积渐而来。创始之时，自不免要招许多疑忌，许多排斥，许多轻蔑。耐心吧！……我以此相信社会大学一定能成功！”①

在《社会大学的我见》一文中，他全面阐明了自己的观点：“我最服膺‘孔子三人行必有我师’的一句话，许多名师宿儒，名人硕彦，固然是我的老师，难道贩夫走卒，妇人孺子，如我计算，取得教训又岂少吗?”并列举“我”骑马渡河，行至中流，马忽然回旋卧下，个人几乎翻身落水，幸得岩上妇人大声疾呼令马跃起，使“我”免于灭顶之灾，以及“我”乘公共汽车由黔入滇时，因车身颠簸试图以手扶窗站稳，幸而一旁乡下后生警告“小心窗格落下”，“我”刚缩手，窗格暴落，而“我”十指保存完好两例证明：生活即教育，社会即学校。“可笑资本主义的教育制度输入吾国以来，什九以领讲义领凭照为教育的正宗，如我今之兹所说，认为教育实效之一种，或

---

① 王鸿儒：《黄齐生传》，贵州教育出版社，1995，第279页。

不免要嗤之以鼻！无如我亲身所见，无数聪明男女，从小学而中学而大学，花费无数金钱，浪费无数时间，脑筋中装满无数生吞活剥的课本、讲义，结果，患神经病的不在少数。”究其原因在于“若如今之卖嘴式之教育，卖讲义式之教育，殆所谓千篇一律，无有生趣……不知戕杀多多少少的天才！”人格教育，本应高于一切教育。“试问今之教育，人格安在？尤其学校教育，所谓尊师，所谓重道，几已成为笑话。加之重重纲罗，步步羁勒，弄到死气沉沉，无复有生人之趣。”① 这番论述一语中的，以自身经历揭示了所谓“正统教育”的缺陷，入木三分地指出了资本主义教育制度的弊端，强调了社会教育的重要性。

社會大學的我見

黃齊生

图 3–7　黄齐生文《社会大学的我见》

（摄于贵阳市达德学校旧址，2021 年 11 月）

① 《爱国民主人士　贵州教育家黄齐生先生》，贵阳市档案馆，1998，第 142~144 页。

而黄齐生的教学实践从一开始就注重引导学生面向社会学习以造就人才，大力培养家国情怀。他传播民主科学新思想，订阅《民报》《革命军》《黄帝魂》等进步报刊，邀请社会名流及留学回国人员来校演讲，举办戏剧演出号召反帝反封建，组织师生郊游考察民情，获取书本上得不到的活知识。他鼓励学生们关心国家大事，作为一校之长在全校师生集会上怒斥国民党军阀制造“三一一”暴行。五四运动后，他组织“贵州教育实业考察团”，带领学生赴教育大省江苏、山东、河北、山西等地实地考察，在学习兴办教育经验的同时，让学生在游历中了解国情民意，感知历史人文，增强“天下兴亡，匹夫有责”的爱国情怀。在欧洲勤工俭学期间，面对资本主义社会的残酷剥削和压迫，他用孟子的一段话“天将降大任于斯人也，必先苦其心志，劳其筋骨，饿其体肤，空乏其身，行拂乱其所为，所以动心忍性，增益其所不能”来鼓励留学生克服生计困难，磨砺刚强意志，淬炼思想灵魂。在这种教育理念下，师生以社会责任为己任，积极参与革命斗争，在贵州民主革命运动的每一个重大时刻，都始终走在时代前列，成为贵州民主革命的先锋。不少革命者，如王若飞、李策、严金生、贺正辉、聂汝达、刘载铭等都曾受教于黄齐生，为革命做出了巨大贡献。①

二　教育须服务于社会

教育必须服务于社会，满足改造国民、唤醒新社会的需求，这是黄齐生社会教育思想的另一面。为此，他支持贵州陆军小学堂二期学生席正铭等人秘密成立“历史研究会”，为他们讲述清兵入关残杀国内各民族人民的历史，以及近代割地赔款、丧权辱国等内容，以激起

① 王鸿儒：《黄齐生的教育生涯与教育思想——写在〈黄齐生传〉出版之后》，《贵州文史丛刊》1996 年第 3 期。

与会者共鸣，坚定他们发动革命、推翻清王朝的决心。曾创办《达德周刊》，是贵州第一个“教育性之专刊”。《达德周刊》除交流教学经验外，时常发表评论文章，提倡男女平等和婚姻自由，鼓励学子出国留学拓宽眼界。黄齐生特别强调学以致用，推崇白话文教学，还主张加强汉苗文化交流。这一见解，在当时可谓惊世骇俗，眼光独具。①

黄齐生率师生集体编写了贵州第一部话剧《维新梦》，宣传戊戌变法的故事，由此开启了贵州新戏剧运动之路，也探索了一条宣传教育民众的新路，为反帝反封建思想的传播提供了舞台。此后，师生陆续编演了《武训兴学》《丁文诚诛奸》《亡国恨》《共和鉴》《奢香》等进步话剧，在民众中广泛传播民主、自由、图强等新思想，激起百姓的爱国之心。演出时舞台两侧张贴的对联“揭开黑幕　放大光明”“把社会权做大戏场　聚英才演出新社会”就是新戏紧扣时局、启迪大众的生动写照。黄齐生还将话剧舞台搬到贵阳省立模范中学、师范学校和遵义省立第三中学等学校，每场演出观者如堵，情节震动民心，充分发挥了话剧作为“活教材”的育人作用，却遭到封建遗老的恶意攻击。前校长凌秋鹗对此针锋相对，称演出在僻陋的贵州的确是空前之举。但只要社会民众能从中受益，不论如何诋毁，演出每年都要坚持进行，且一定要打破两性的壁垒。因为“我们的思想总是要使社会演进，把一切陈腐的、锢蔽的、迷信的、虚伪的洗涤一空”。②

为充分唤醒民众、启迪民智，黄齐生全力支持达德学校将学校教育推广到社会教育，将普通教育推广到职业教育，将城市教育推广到乡村教育。先后在南郊创办“履三小学”，在校内办刺绣职业班，为

① 谭佛佑：《从学徒到新教育的伟大先驱者——黄齐生先生教育实绩述评》，《人口·社会·法制研究》2016年第Z2期。

② 《1901达德诞生记》，《贵阳文史》2010年第3期。

提高民众基本素质和技能服务。黄齐生还支持谢孝思利用南将军殿创办民众图书馆，亲自出面与持反对意见的开明绅士交涉，宣讲社会教育之意义，最终新建“贵山民众图书馆”，将学校全部藏书和新充实的许多进步书刊陈列于此，向社会开放，为民众阅览提供条件，促进社会教育发展。①

用个人见闻和事实说话，加强对民众的抗日救亡宣传是黄齐生开展社会教育的重要方式。红军长征北上抗日后，黄齐生在各种场合大力宣传红军军纪严明，爱国爱民，并列举所见所闻辟谣以正视听。又取本省著名历史题材彝族奢香故事编成话剧《奢香》在学校公演，揭露国民党军政人员争权夺利的嘴脸和压迫人民的罪行，号召民族团结，爱国统一。② 全面抗战开始后，黄齐生十分乐见国共合作，坚信抗战必胜。在他的号召下，贵阳教育界成立了“抗日救国会”，和当时贵阳最活跃的抗日进步组织“沙鸵话剧社”“筑光音乐会”一起设在达德学校内。③ 但凡有募捐、慰问、欢送军人出征等各项抗日救亡活动，黄齐生都亲率师生热情参加。

1938 年 4 月从延安返回贵阳后，黄齐生满腔激情地在学校和团体面前公开演讲，列举大量实例使民众了解共产党带领边区人民团结抗日、英勇奋战的事实和捷报频传的大好形势，以此揭穿国民党中伤共产党“抗日不积极，团结无诚意”的可耻谣言，长达三四个小时的演讲有力地宣传了党的救国政策。④ 国民党省党部对此十分恼怒并扬言威胁，黄齐生大义凛然道：“共产党抗日积极，有办法，我为之宣传，这确是我的义务。要我不讲，如何可能?”还写了首《解放

① 谢孝思：《黄齐生（续）》，《贵州文史丛刊》1981 年第 2 期。

② 谢孝思：《黄齐生（续）》，《贵州文史丛刊》1981 年第 2 期。

③ 谭佛佑：《从学徒到新教育的伟大先驱者——黄齐生先生教育实绩述评》，《人口·社会·法制研究》2016 年第 Z2 期。

④ 谢孝思：《黄齐生（续）》，《贵州文史丛刊》1981 年第 2 期。

歌》反抗束缚和压迫，表达他不畏强权、斗争到底的决心。[①]

为免遭迫害，黄齐生先赴昆明，后取道滇东，经曲靖、宣威入贵州境，过威宁、水城、毕节、赤水，由遵义、桐梓往北进入重庆，这条路线正是当年红军长征经过的地方。黄齐生一路访问红军经过时的情景，了解革命史迹，感受到民众对红军的拥护，增进了自己对共产党的认识，并以乐观昂扬的心态宣讲抗战意义和形势，介绍延安见闻，广泛发动民众，坚定必胜信心。途中遇到村镇赶场，或者穷苦人集中的地方，也要停下来讲演一番。据《赤水县志》载："公元1938年，陈廷纲邀请爱国民主人士黄齐生先生来赤水，向各机关、学校、团体作讲演，宣传抗日救国。并由与黄一道的小孙儿（黄晓庄）演唱抗日歌曲，对赤水民众的抗日热情大有启发，在赤水兴起大唱抗日歌曲的风气。"[②] 黄齐生、谢孝思、黄晓庄一行三人俨然是一支抗日救亡宣传队，一路传播党的革命主张。

在黄齐生的倡导和带领下，青年学子自觉融入时代潮流，积极参加政治斗争，在实践中历练成长；广大民众备受鼓舞和教育，进一步认清了时局和国民党腐败反动的本质，坚定了团结救亡的决心和抗战必胜的信心。

第四节　唤醒农民的乡村教育

20世纪30年代，黄齐生从城市平民教育转而投身于陶行知、黄炎培、晏阳初、梁漱溟等发起和开展的乡村教育达十余年之久，不懈探求教育救国新路径，大力提升贫苦农民的教育水平。这一重大选择

① 《爱国民主人士　贵州教育家黄齐生先生》，贵阳市档案馆，1998，第55页。

② 戴明贤、李晓：《石公黄齐生——黄齐生的故事》，安顺经济技术开发区，2018，第54页。

除了基于他对乡村教育为“农工劳苦阶级”办学目的的赞同[①]外，还因平民教育在城市屡屡受挫，在反动当局的压制下收效甚微。反思过后他们不约而同把目光投向农村，开始探求以教育改造农民的道路。故十余年辗转奔走，南北受聘，皆是为此而做的努力。

一　以教扶志革新农民面貌

陶行知先生在南京燕子矶创立晓庄师范学校，实践乡村教育，培养乡村教师和乡村建设人才，在当时是一大创举。与此同时，晏阳初在河北定县举办农民教育，黄炎培在中华职教社内设立“农村教育研究会”，梁漱溟在山东建立“邹平乡村建设研究院”。一时间，提倡乡村教育、兴办乡村学校、改造乡村生活蔚然成风。黄齐生自幼在农村长大，对农民情感上自然亲近，担任视学期间，足迹遍及黔北、黔西北偏远农村，洞察乡村初等教育的艰难和时弊，却苦于无法解决。陶行知为“农工劳苦阶级”办学的主张与实践让他看到了乡村普及教育的希望，认为该“创举”有助于推动中国初等教育发展。而陶行知提出的“生活教育”理论——“生活即教育，社会即学校”则与黄齐生的“社会大学”观点和教育实践完全一致，两人曾促膝长谈，甚相投契。黄齐生尤其钦佩陶行知躬身实践、知行合一、自讨苦吃的精神，于是辞谢武昌高等师范学校校长、金陵大学校长的任命，转而接受陶先生礼聘，于 1929 年春携家到晓庄师范学校任教，从此开始探求以教育改造农村贫穷落后面貌的路径。

在晓庄，黄齐生主讲国文，引古喻今，培育新人。他提出用“教学法”代替传统的“教授法”，反对教师在课堂上读经讲经，让学生死记硬背，主张教学相长，重视“亲知”的作用，提倡在动手实践中增强学生学习的兴趣，强调传授学习方法，认为这才是人才培

① 王鸿儒：《黄齐生传》，贵州教育出版社，1995，第 180 页。

养的正确途径。他以身作则带头参加生产劳动，做到“手脑并用”，实现“教、学、做合一”。[①] 学校在佘儿岗与当地农民合办了一个中心茶园，白天供往来农人喝茶休息，晚上黄齐生经常和晓庄师生在这里说书、讲故事、放唱机、报告时事、教农民识字，以农民喜闻乐见的方式开展教育。在晓庄建校两周年纪念会上，黄齐生不仅发表了热情洋溢的演讲，且撰写贺联——斩棘披荆，万丈高楼平地起；知难行易，一声长啸破天荒——对晓庄的乡村教育事业予以高度评价。[②] 晓庄师范学校的进步措施遭到国民党当局反对，黄齐生却处处宣传晓庄精神，满腔热情支持师生的革命活动，与反动派做针锋相对的斗争。在白色恐怖下，袁咨桐惨遭杀害，学校被强制解散，黄齐生悲愤不已。

1931 年夏，黄齐生获悉梁漱溟在山东邹平县兴办的乡村建设研究院颇有成效，于是前往参观访问。梁漱溟主张“乡治”，提出从乡村入手，以教育为手段，通过文化改造来复兴农村，进而振兴中华，并积极从事乡村建设实践，坚信“乡村建设”是“拯救中国、恢复伦理本位社会”的唯一出路。后来事实证明，梁漱溟的改良主义解决不了中国的问题，中国社会需要的是彻底的革命。但在当时，这一观点对于促进乡村教育具有积极意义，也引起了黄齐生的关注。到达邹平后，黄齐生看到研究院尚处初创阶段，乡村建设虽有一定成效，但“风气之闭塞，亦有非在南方号称开化之人所能想象者”[③]，并作了题为“学不厌，教不倦”的演讲，受到师生热烈欢迎。临别时撰写了《山东乡村建设研究院状况》一文及诗歌《别山东乡村建设研究院同学兼呈漱溟先生暨院中诸先生因寄南中诸师友》，表达对梁漱

① 谭佛佑：《从学徒到新教育的伟大先驱者——黄齐生先生教育实绩述评》，《人口·社会·法制研究》2016 年第 Z2 期。

② 王鸿儒：《黄齐生传》，贵州教育出版社，1995，第 183 页。

③ 黄齐生：《山东乡村建设研究院状况》，《教育与职业》1931 年第 6 期。

溟的敬佩和乡村教育同道人的喜悦，之后奔赴河北定县应聘。

定县是平民教育大师晏阳初选定的农民教育及其乡村改造的实验研究中心。晏阳初认为，中国农村问题千头万绪，但基本可以归结为“愚”“穷”“弱”“私”，其中“穷”是关键。要解决此四大问题，必须从事四大教育，即以文艺教育救愚，以生计教育救穷，以卫生教育救弱，以公民教育救私。因此，他在定县研究实验，以农民为对象开展识字教育、生计教育、卫生教育、公民教育，结合科学种田、发展副业、开发水利等农村改造措施，帮助农民自力更生，提高文化素质。[①] 其根本目的“是要找出一套农民教育与农村建设的方法、内容，贡献给国家”。黄齐生所到定县高头村正是公民教育试点村，《历史图说》是公民教育关于爱国主义的内容之一。黄齐生应聘即为参编该书，以图文形式展现我国历史上具有“国族精神”的伟大人物生平和贡献[②]，用这种浅显易懂的方式向农民宣传爱国主义。黄齐生将编写《历史图说》视为救国工作来做[③]，希望借此寻觅医方根治当时中国农民的“穷愚弱私之病”。忽闻王若飞在包头被捕入狱，及后两三年间一直往来于定县包头之间，一则不废乡村教育之事，二则便于营救王若飞。

1940 年底，黄齐生避走重庆，恰逢平教会在北碚歇马场初办乡村建设育才院，培养乡村改造的高级人才，晏阳初亲任院长。育才院邀其讲学，黄齐生再次找到了乡村教育的阵地，欣然担任该院文史教授，并作“民族精神”演讲，引起轰动。他还给当地景慧高小上历史课，以韵文形式自编《中国历史朝代歌》《二十八省两地方歌》等作为历史课教材。每歌结尾都要加上“金瓯期永固，勿任敌垂涎，携手驱除强寇”之类灌输抗日救国思想的句子。[④] 常与同在重庆的陶

---

① 王鸿儒：《黄齐生传》，贵州教育出版社，1995，第 202 页。

② 戴明贤、李晓：《石公黄齐生——黄齐生的故事》，安顺经济技术开发区，2018，第 48~49 页。

③ 王鸿儒：《黄齐生传》，贵州教育出版社，1995，第 203 页。

④ 王鸿儒：《黄齐生传》，贵州教育出版社，1995，第 254 页。

行知、黄炎培、沈钧儒等各界民主人士共谋团结抗日救亡活动，也常到中共驻渝办事处访问，带回进步报刊，向师生广泛宣传。在总结个人教育理念和人才培养经验的基础上，黄齐生自制了“能力测验表”，据此评估和促进学生全面发展。还将自己的养生体验写成《八宝颂》，以资身心健康教育。[①] 后因莫名“势力”制造事端为难，黄齐生愤然辞职，转聘璧山正则艺专。近三年时间里，他经常向艺专校长吕凤子先生讲述抗战形势和民主运动消息，选取富含进步思想的古典文史和当代进步书刊、《新华日报》社论、鲁迅文章及自己的诗文为教材，教导学生“做时代人、走革命路”，积极帮助有志青年到陕北去，并征集大量书画作品题跋后转送延安，以这种方式加深正则艺专师生对共产党的认识和毛主席的感情。

黄齐生参与的乡村教育实践，一定程度上提高了农民的文化素质和思想认识，革新了农村面貌，但其进步意义并不仅限于教育。他和陶行知等乡村教育的先行者在当时已看到发动农民对中国革命的重要性，探索了唤醒农民起来革命以谋求改造整个中国农村的道路，这才是乡村教育的真正目的，对中国共产党人将武装斗争的重点从城市转移到农村也有启示作用。[②]

二 参与职教推动乡村建设

黄炎培被誉为“中国职业教育之父”，是中华职业教育社的创始人。辛亥革命失败后，黄炎培深入地研究了西方一些先进教育思想，广泛走访考察国内外，逐渐萌发兴办职业教育的想法并付诸实践，进而形成了中国职业教育的理论体系。他认为，中国教育弊病的根源就在于教育与职业的分离、学校与社会的脱节，传统的封建教育根本不

① 谭佛佑：《从学徒到新教育的伟大先驱者——黄齐生先生教育实绩述评》，《人口·社会·法制研究》2016 年第 Z2 期。

② 王鸿儒：《黄齐生传》，贵州教育出版社，1995，第 179 页。

能为民族工商业培养新型技术和管理人才，因而首倡职业教育。职业教育并不是“特殊”的教育，而是教育就其本质来说具有“职业性”，应该以职业为立足点，与生活、生计和社会发展联系在一起。在此基础上成立的中华职教社宗旨有三：一是“为改良教育之准备”①，二是“为个人服务社会之准备”，三是“为国家和世界增进生产力之准备”。后提出了大职业教育主义，认为“专守教育岗位不足以救国……须分一部分精神参加全社会的运动”，意即积极参加政治活动。在此基础上发起并推进的乡村教育及改造事业与黄齐生的想法不谋而合。② 因此，参与中华职教社在各地设立的乡村改进试验区工作，自然成为黄齐生实践乡村教育的重要路径。

图 3-8　黄齐生曾就职的中华职业教育社旧址
（摄于上海市雁荡路 80 号，2021 年 10 月）

应黄炎培、江问渔之聘，黄齐生担任了中华职业教育社第一个农村实验改革点“江苏昆山徐公桥乡村改进试验区”总干事，兼培训各省农村改进讲习所主任。根据职教社“双手万能，手脑并用”的

---

① 黄炎培：《国难中之职业教育》，载余子侠编《黄炎培卷（中国近代思想家文库）》，中国人民大学出版社，2015。

② 王鸿儒：《黄齐生传》，贵州教育出版社，1995，第 194 页。

精神，采用脑力劳动与体力劳动相结合的方式招考中专以上新生。在课程设置上注重村制、经济、农事教育及语言文字训练，尤其着意人格修养，强调做学并重，实行半工半读。[①]黄齐生亲自主讲政治思想和社会教育等课程。他酌古参今，条理清晰，生动有趣，尽管一讲就是半天，但学友们无不被深深吸引，全神贯注，并不觉得枯燥。黄齐生鼓励学友“日省己所短，所长月无忘”；学松柏有岁寒之姿，有一技之长；提倡摄身“八宝”，顺应自然科学生活；推崇亲亲、贤贤、谦和平等的美德，反对暴戾、鄙慢的恶行。认为“物物各所得，兰芬菊亦芳”，勿以己之长，傲人之短，应虚怀若谷，善于学习借鉴。[②]这些观点体现了黄齐生的教育思想，有助于提高青年人的德智体美修养，学友都心悦诚服，受益甚深。一段时间后，黄齐生“感乡属见闻之寡，思游学观摩之盛”，为促进学用结合，本着“随处生活，随处教育；乐来会享，苦来会受；活泼不可失之放，谨慎不可失之拘”的宗旨，组织“讲习所”校友参观访问了苏州、无锡、镇江、南通、南京等处的民众教育、学校教育、农村建设、农事改进、经济合作、妇女职业、宗教慈善事业等，凡有益经验皆吸收借鉴[③]，为苏浙闽等省培养输送了一批乡村改进干部。回到徐公桥后，黄齐生大力推广各地乡村改进经验，积极联系地方政府主管部门加强教育宣传与辅导，成效显著。一年之间，徐公桥社会风气焕然一新，“地无旷土、村无游民、人无不学、事无不举”。抗日战争时期，徐公桥地区广大群众团结一心，坚决抗日，斗志高昂，这种局面的形成和职教社当年的宣教及黄齐生的影响有密切关系。[④]

① 肖钟：《黔籍教育家黄齐生与中华职教社》，《贵阳文史》2007年第3期。

② 王鸿儒：《黄齐生传》，贵州教育出版社，1995，第195页。

③ 谭佛佑：《从学徒到新教育的伟大先驱者——黄齐生先生教育实绩述评》，《人口·社会·法制研究》2016年第Z2期。

④ 肖钟：《黔籍教育家黄齐生与中华职教社》，《贵阳文史》2007年第3期。

图 3-9　1939 年，黄齐生在昆明与中华职业教育社黄炎培、江问渔等合影
（摄于贵阳市达德学校旧址，2021 年 11 月）

1934 年秋，中华职教社聘请黄齐生为上海漕河泾“农村改进试验区”总干事及“农学团”主任。农学团开学时，黄齐生写了两首绝句答黄炎培，之一：“亭亭双玉碧轩桐，惯敌繁霜惯敌风。为具先天刚直性，平分雨露不矜功。”借物喻人，充分表达黄齐生刚正不阿、不畏强暴、敢于斗争的精神，并在工作中一以贯之。他招收 30 名专科以上毕业青年进行教学，主讲民族精神，以中国历史人物事迹，联系当时的社会革命，慷慨激昂地唤起学员们强烈的民族意识和爱国热情，并亲自带领参加试验区的建设和劳动。学生们常说：“听黄先生上课比听书还有劲。”[①] 是年底，黄齐生到广西就任国民基础教育研究院实验部主任，因不赞同当局的强制规定，离桂返筑襄助达德，但其借助职教社推动乡村教育的实践并未中断。

1938 年 10 月，得知内迁重庆的中华职教社正物色人选到云南开蒙垦殖局工作，黄齐生主动请缨前往，举家迁至草坝。在蒙自县草坝蚕

① 张雪澄：《黄齐生先生在中华职业教育社》，《贵阳文史资料选辑》第 2 辑，贵阳市政协文史资料研究委员会，1981。

业新村的开创工作中，他融合运用晓庄、定县、漕河泾等处的建设经验，仅年余，不仅帮助农民发展生产获得稻米、蚕丝两丰收，而且借鉴延安扫盲教育的做法，对农民进行识字教育，普及科学知识，开展体育、军事训练，还办起冬学和夜校。[①] 新村建设中，黄齐生特别重视群众的宣传教育。当时正值国共合作抗日时期，他自编教材并编演话剧《两个皇帝》《什么叫汉奸?》进行社会教育，揭露日寇的罪行和汉奸卖国贼的丑恶嘴脸，积极宣传抗日救国道理，提高群众觉悟，使各方团结、共同抗日。[②] 还演出醒世剧《懒汉回头》、儿童剧《咪咪猫》等活跃职工生活，寓教于剧。[③] 约一年时间，在教育、文化、卫生、体育等方面均有创建，推动当地革新了落后风俗，提高了农民的文化程度。当地反动分子却十分仇恨黄齐生和进步青年，故意挑起民族矛盾，蓄意进行谋害。不得已，黄齐生离开了草坝蚕业新村返回贵阳。

图 3-10　1938 年黄齐生前往云南蒙自草坝蚕业新村工作
（摄于贵阳市达德学校旧址，2021 年 11 月）

---

① 肖钟：《黔籍教育家黄齐生与中华职教社》，《贵阳文史》2007 年第 3 期。

② 《爱国民主人士　贵州教育家黄齐生先生》，贵阳市档案馆，1998，第 57 页。

③ 王鸿儒：《黄齐生传》，贵州教育出版社，1995，第 247 页。

躬身实践乡村教育和建设的十余年间，黄齐生几度满怀希望，数次被迫中止，但他仍努力坚持，不改初衷。几经挫折后他奔赴延安，通过艰苦的实践探索和考察对比，最终得出了自己的结论：中国共产党是现在所有政党中最好的一个[①]，没有党的领导，农村农民现状难以彻底改变，教育救国也只是幻想！自此他放弃了调停，坚定拥护支持党的革命主张。黄齐生在乡村教育与建设实践中的一些做法对今天推进乡村振兴仍有启发借鉴意义。

三　矢志探索成人教育思想

黄齐生作为新教育的伟大先驱者，融汇吸收我国优秀传统教育思想和国外先进教育理念，积乡村教育十余年之经验，认为乡村教育主要是成人教育。他以教人“做人”，做个“新时代人”为目标，提出了“六力”标准，形成了成人教育思想。在其致达德学校校友包北弘先生的信和其他有关论述中，进一步对“人格教育”和“新时代做人的标准”作了一个纲领性的总结，留下了不朽的箴言。

一是关于人格教育，包括修己和待人两项主张。黄齐生认为修己是能力的培养，修己以“六力”，即培养胆力、识力、学力、体力、才力、爱力等六种能力。细述之，胆力指冒险、犯难的精神，识力包括识人与识事，学力主要指哲学及科学水平，体力包括健康的生理与健全的心理，才力指能谋、善断，爱力包括爱人与爱物两方面。“六力”中以胆力最为重要，“五者之外若使无胆力，有如僧繇画龙未点眼”。且写《胆力歌》总结半世阅历与经验，“吾观自古英雄豪杰与圣贤，成功不出一字‘敢’”，并高度赞扬古今中外因“敢”而成功的人与事，尖锐批判封建礼教下日渐衰弱的民族性[②]，旗帜鲜明地歌

① 张克：《毕竟璠溪我辈师》，《贵州文史天地》1996年第3期。

② 王鸿儒：《黄齐生传》，贵州教育出版社，1995，第222~223页。

颂敢闯敢试敢干的胆力。待人则是人格精神的外化，包括六项原则，即本之以真、感人以诚、出之以敬、裁之以义、节之以礼、和之以乐等六个方面。修己是待人的前提，待人是由修己养成的方法和结果。[①] 因此有学者认为，“以修身且以教人”顺理成章地成为黄齐生教育思想的中心环节。[②]

“六力”被黄齐生称为“六龙”，加上他总结的养生保健“八宝”——温暖的日光，清新的空气，和谐的鸟声，苍润的树色，郁勃的远山，澄澈的近水，芊绵的芳草，明丽的鲜花，正所谓“摄生资八宝，振誉御六龙”。[③] 本格物致知之义，推及做人的道理：人的性格要如日光般温暖，否则就冷酷了；人的头脑要如空气般清新，不然就糊涂了；人的语言要如鸟声般和谐，否则就叫嚣了；人的发肤要如树色般苍润，不然就憔悴了；人的胸怀要如远山般郁勃，否则就渺小了；人的心境要如近水般澄澈，不然就浑浊了；人的情绪要如芳草般芊绵，否则就孤僻了；人的仪表要如鲜花般明丽，不然就邋遢了。[④]“八宝”之说，实乃成人教育中的宝贵经验，亦彰显了黄齐生的唯物主义认识。

二是做人必须注意两项准则，其一，践行“三近”，“好学近乎智，力行近乎仁，知耻近乎勇”。知斯三者，则知所以修身；知所以修身，则知所以治人；知所以治人，则知所以治天下国家矣。[⑤] 其二，注重“三力”，“自己的学力，师友的助力，集团的势力”。[⑥] 三

---

① 《爱国民主人士　贵州教育家黄齐生先生》，贵阳市档案馆，1998，第 132 页。

② 包中、孔祥辉：《爱国教育家黄齐生》，《晚霞》2007 年第 13 期。

③ 王鸿儒：《黄齐生的教育生涯与教育思想——写在〈黄齐生传〉出版之后》，《贵州文史丛刊》1996 年第 3 期。

④ 《百年人瑞谢孝思》，汕头大学出版社，2004，第 28~29 页。

⑤ 何小英、罗鸿染：《黄齐生教育实践和教育理念系统研究》，《系统科学学报》2020 年第 3 期。

⑥ 谭佛佑：《从学徒到新教育的伟大先驱者——黄齐生先生教育实绩述评》，《人口·社会·法制研究》2016 年第 Z2 期。

力合一，可为人成事。

三是关于新时代做人的五项标准：富、强、真、美、善，即生产的技能、健康的体魄、科学的头脑、艺术的兴趣、平等博爱的精神，主张以生产求富，健康图强，科学求真，艺术求美，平等博爱求善。[①] 这是在晓庄时期，黄齐生与陶行知讨论的新时代做人的标准。相比较“六力”而言，“五项标准”显然融汇凝练了中西方教育思想的精华，彰显了时代特点，在国内曾一度获得推广。[②]

“培养什么人、怎样培养人、为谁培养人”是教育的根本性问题。黄齐生的教育思想对“培养什么人、怎样培养人”进行了积极探索，冲破了封建教育藩篱，回应了时代发展要求。其虽未明确回答“为谁培养人”，却在毕生教育实践中以实际行动培养了大批国之栋梁，可以说，为国家和民族培养堪当大任的人才是其教育思想的理论内涵和价值取向。黄齐生教育思想是贵州教育史乃至中国教育史的宝贵遗产，其核心要义至今仍是人才培养和成人教育的有益参照，对今天牢固树立“扶贫先扶志，治穷先育人”也具有现实意义和借鉴价值。

第五节　彰显民主的教育管理

作为贵州近现代史上著名的教育家，黄齐生曾长期从事教育管理工作，先后担任过贵阳达德学校和遵义省立三中校长，他的教育管理理念是在其丰富的教育教学实践经验基础上，吸收借鉴他人教育管理思想而形成的，彰显了民主、科学思想和时代进步要求，是其教育思想的重要组成部分。达德学校之所以能走在时代前列，引领新教育之潮流，与黄齐生的这一教育管理思想密不可分。

---

① 王鸿儒：《黄齐生传》，贵州教育出版社，1995，第 263 页。

② 王鸿儒：《黄齐生的教育生涯与教育思想——写在〈黄齐生传〉出版之后》，《贵州文史丛刊》1996 年第 3 期。

一　科学教育与人格教育并重

科学教育和人格教育不仅包括以知识、技能等为内容的形而下层面的教育，还包括以精神和价值观等为内容的形而上层面的教育。其形式体现为从知识的传授、技能的培训，进一步扩展、上升到价值观、思想、精神等的培养。它是达德学校全面育人的两个方面，不可偏废其一。

从建校之初，学校就树立了尊师爱生、遵守纪律的好校风。黄齐生曾经担任过达德学校的学监，认为学监的主要职责是“考察学生品行，指导学生生活，注意养成学生的个性。管教须从严，但不可野蛮。招收学生应严格录取，学生程度过低，既难于施教，又影响教学进度，使学生、学校两受其害”。[①] 据达德学校学生回忆，当时达德初小的课目有：国文、算术、修身、习字、图画、音乐、手工、体操八项；高小课目除包括上述课程外，还有英文、历史、地理、理科四项。每天上午授课两节，下午授课四节。学生尊称教师“先生”，含义源于韩愈的“闻道有先后，生乎吾后，皆可为我之师”，称呼先生是表示对师长的特别尊敬。

尊敬师长贯穿在学校的整个生活中。对师长的尊敬又和严格的纪律密切地联系在一起。上课铃响后，学生先在教室外排成单行，由级长喊口令：“立正，报数，齐步走!”才鱼贯进入教室坐好。教师进门，级长喊“起立!”教师走上讲台点头还礼后，才喊“坐下”。下课喊“起立”后，须等教师走出教室，才自由活动。散学先在大院站成七个纵队，依不同街道分成六个队，第七队是本校寄宿生。学生要听老师讲完话，才逐队依次走出，第七队最后解散。迟到缺旷，由级长登记上报。上课发问，必先举手；回答教师提问，必须起立。路

① 王鸿儒：《黄齐生传》，贵州教育出版社，1995，第 74 页。

遇教师，要侧面立正，教师还礼走过，方可继续前行。高小三年级设总级长六人，协助监学先生管理学校。全校有监护生十余名，负责监察同学，有违反规则者，即向教师反映。各级有值日生，负责本级教室范围内的清洁卫生工作。教师对待学生一视同仁，无贫富亲疏之别。凡是违反学校规则的，一律要受训斥和体罚。凡是成绩达不到升级要求的，一律留级。凡是成绩优良、名列甲等的都要受到褒奖。全年没有病事假和迟到早退缺旷的，年终奖以实物。①

秉持为学生负责的态度，教学方法灵活多样，使学生得到全面发展。为了培养学生良好思想品德，按一个学期二十周，首位两周不计，共十八周，每周集中进行一个方面的训练，如“清洁周”“礼貌周”等，依据由学校拟出条文，写在大木牌上，每周一换，教师利用每天朝会和每周班会进行讲解，或为有关典故，或由学生发言补充，生动活泼收益很大。学校组织月测验和中心训练周，主张知识靠积累，不能搞突击。每月给学生复习一次，小测验一次，着重平日学习，不在期末一次大考、过分紧张、考完丢光。学校注重减轻学生作业负担，倡议“今天事、今天了，不拖沓、不欠账”。学生学习，着重课堂讲授，课堂消化；学生作业，着重课堂做，面对学生课堂改，使学生知道错在哪里，为什么要改。有的作业教员只作例改，让学生互改、教员检查，既解决学生回家后因家务、环境、灯光等干扰不能专心做作业的困难，也可减轻学生作业和教员批改的负担。黄齐生还推出了“三完教育”：教科书必须教完，练习本必须改完，各种实验必须考完，并在学校得以贯彻执行。

黄齐生担任遵义省立第三中学校长期间，力主科学民主办校，废除腐败积习，建立健全学校规章制度，推行先进的教育思想。据国家

---

① 张笑尘：《回忆贵阳私立达德学校》，载《贵州文史资料选辑7》，贵州人民出版社，1981。

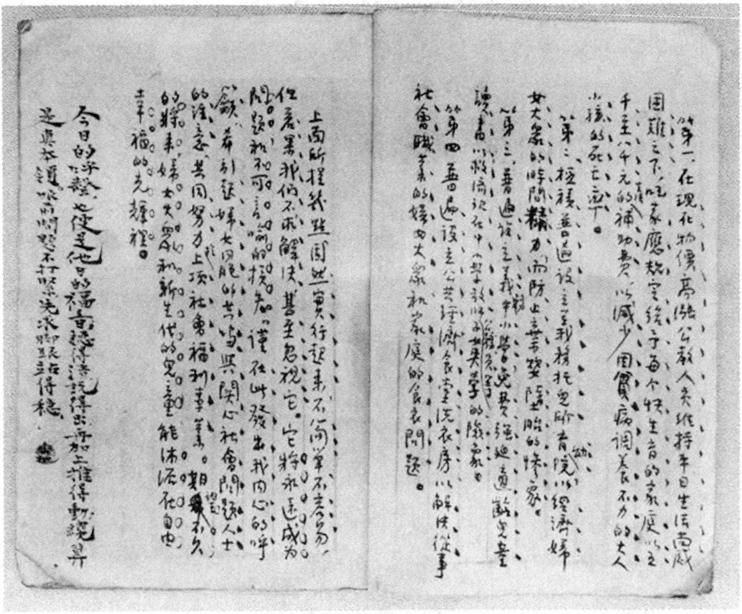

图 3-11　黄齐生批改的作业本
（摄于贵阳市达德学校旧址，2021 年 11 月）

原林业部部长、曾经的遵义省立第三中学学生雍文涛回忆：黄齐生先生十分爱护学生，提倡学生参加体育运动，特从贵阳带去一位名叫何健衡的体育老师。对学校课程由原来的上午三堂、下午三堂调整为上午四堂、下午两堂，利用下午四点钟以后的空闲时间，组织学生们参加体育锻炼，打球。其中乒乓球运动由黄齐生率先传入遵义。“除了及时建立早操制度外，还积极组织全校同学开展篮球、乒乓球、网球、单杠、吊桥、秋千等丰富多彩的体育活动项目。”① 过去的三中学生白天上课、晚上自习，生活单调而枯燥，丰富的体育活动使原来刻板的校园生活顿时生动活泼起来。

在教学方面，黄齐生反对教师手捧经书站在讲台要求学生死记硬

① 遵义市政协文史资料委员会：《遵义文史资料（第二十二辑）》，1992。

背，提出教学要走出课堂与大自然相结合。他亲自讲授《人生哲学》课程，以《孟子》为课本，取其精髓，讲古论今，启发学子结合实际思考问题，并把自己在日本、欧洲及全国各地考察的见闻带入课堂，传播新思想、新理念。还常带同学们到野外开展实践教学，践行课堂教学与实际生活紧密结合的教学主张。为了激发学生学习英语的兴趣，他经常组织全校学生举办英语演讲和故事会，让一名老师现场朗诵，另一位老师口头翻译，这种寓教于乐的形式，有效调动了学生的学习热情。

课堂教学之外，通过开展丰富多彩的课外活动来加强人格教育，塑造学生品德。黄齐生主办贵州学校首个校刊《达德周刊》，登载优秀学生作品，发表时事评论，传播民主、科学之观念，促进校际交流。组织排演新剧，邀请社会名流和回国留学生举办报告会，以开阔学子眼界，增长师生见闻。紧跟时代思想潮流，设法购置蔡元培、陈独秀、胡适、鲁迅等新文化运动代表人物的作品，订购《教育杂志》《每周评论》等国内著名杂志，引导学生关心国家大事，增强社会责任感。每年组织春游、秋游，让学生亲近自然，了解地方历史地理，在潜移默化中开展爱国爱乡教育。黄齐生教导学生要像莲花那般出淤泥而不染，确立真正的人格，在他的诗文中亦常常可见对学生培养的感悟和要求。这些都体现出黄齐生对学生的教育不仅专注于知识传授，更重在品德人格教养，彰显了他教育思想中培养学生德智体美劳全面发展的先进理念。

二　用“唯才是举”的标准选贤任能

黄齐生认为教师思想要新，要跟得上时代，不仅要有才华，更要德才兼备。一个教师是否合格，关键看能不能胜任教学。黄齐生非常推崇《礼记》中“学记”一篇关于教学相长的思想，认为是世界教育史中不可多得之精华。“学记”中所说的对学生的过失能“禁于未

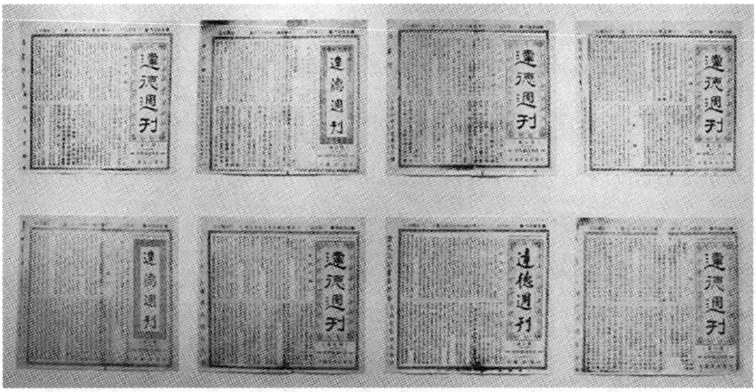

图 3-12　黄齐生主办的《达德周刊》
（摄于贵阳市达德学校旧址，2021 年 11 月）

发”、掌握“预”的原则，便是教师的责任。[①] 此外如及时施教、循序渐进、互相观摩，启发诱导，长善救失等，亦是教师应当履行的职责。

黄齐生积多年教育之经验，对于修己、观人的道理，提出“六力”之说。爱力分为爱人、爱物；体力分为心理、生理；胆力分为冒险、犯难；才力分为能谋、善断；识力分为识人、识事；学力分为哲学、科学。这是一个全面做人和观人的准则，是达德学校“智、仁、勇”德智体三字育的具体实践。黄齐生常以教诸生为自己和相知的同学给以评分，以观做人为学的造诣。先生常说：“待人要宽，办事要严，讲学要刻”，“事前尽责任，事后不追悔”。

在担任遵义省立三中校长时，黄齐生对学校用人制度进行大力改革，转变使用教师参差不齐等管理现状，解聘不合格教师，任人唯才、任人唯贤，聘请了一大批德才兼备、学高身正的教师。当时遵义省立三中急缺数学教师，他听说徐廷栋从武汉大学数学系毕业回来，立即致函聘请。当时有人说，徐廷栋是天主教徒，不适宜当教师。他

① 王鸿儒：《黄齐生传》，贵州教育出版社，1995，第 75 页。

说："我请他教数学，他能把数学教好就行了。至于他信什么教，我们不用管。信教自由嘛。"徐廷栋到校后，使用直观教具，加深学生对数形的理解，采用启发式教学方法，引导学生积极思考，提高了学生的逻辑思维能力。他对黄齐生改革学校积习的各项措施坚决支持和执行，起了带头和模范作用。学校聘请的语文老师也打破旧课本条框约束，选用鲁迅著作《狂人日记》《阿 Q 正传》等，并讲授白话文，给学生灌输新思想和新文化。[①]

据当时的遵义省立三中学生回忆，"开学之初，即对部分不能胜任中学教职的教师加以解聘，然后以任人唯才与贤的标准，聘用了遵义及外地的刘嵩生、赵乃康、朱穆伯、何剑衡、谭树白、徐廷栋、游侣樵、韩骧前、肖自鸣等先生至三中任教，这批教师因具有真才实学且人品高尚而大受学生崇敬""他们的受聘很快扭转了三中教师参差不齐的局面，也带动了遵义各校的教育"。[②] 黄齐生到遵义省立三中时间一年不到，省立三中出现了生动活泼的良好教风和学风。

黄齐生坚持德才兼备的教师培养标准，同样为现代教育事业带来很好的启示：建立健全以品德和能力为导向的人才使用机制，同时加强教师队伍建设和管理，不断提升教师政治、业务素质，是提高教育教学质量的核心。

三 完善机构，建立制度，实行民主管理

黄齐生吸收朱熹、王阳明的教育思想和方法，将其运用于学校的管理和教学中，推动学校良性发展。他曾与凌秋鹗就如何做好校长有过深入的交流。凌秋鹗认为：校长者，全校之首领也。凡首领之才，皆不必有奇行异力，只需做到四言十六字即可，即集思广益、开诚布

① 《黄齐生与安顺幺铺青苔堡》，安顺经济技术开发区文体广电旅游局，2017，第 176 页。

② 《百年人瑞谢孝思》，汕头大学出版社，2004，第 30 页。

公、信赏必罚、知人善任。[1] 黄齐生由衷赞扬且积极践行，不断完善组织机构，加强制度编定，推进校务公开，实行民主管理。

1917年，达德学校构建了较为完善的组织机构。组织结构为校长、事务部、课外部、校友会四个平行顶层部门。校长下设教授部和管理部，教授部管理男学部、女学部，管理部下设仪器员、图书员、文牍员（书记）、兼学、董事（司学）。事务部下设参观研究部、改良私塾会、贩卖部。课外部下设教员书报社、学生书报社、夜班师范讲习科、体育会、文学会、讲演会。

学校在管理中充分实行民主，特别注重规章制度建设。先后建立了一系列会议制度，这些会议形式多样，务实高效。校务会可以解决一些必须统一办理的问题，又可以集思广益，取长补短；各部门会议适应各部需要，自行处理工作，方便灵活。这些会议既不过多占用时间，又切实解决问题，是学校高效管理的重要措施。校友会每年召开一次，向校友汇报一年的工作和讨论下一年的工作计划，广泛听取校友的意见。校董由校友会选举产生。校董会每季度召开一次，有特殊事情就临时召开，主要决定校长和各部门主要负责人及经费的筹措、使用以及临时发生的比较重大的事情。校务会每周星期日上午召开一次，由校长主持，宣布各部共通性的应办之事，传达有关来文，听取各部工作汇报，共同研究解决一些疑难问题等。部务会每周开会一次，由部主任主持，讨论本部门的工作和学习有关资料，借以指导工作。

校务公开一方面是完善学校制度建设之有效途径，另一方面亦是推进民主管理制度建设之新突破点。它能凝聚学校的合力，最终发挥民主监督的作用。达德学校旧址的展示窗里，至今保留着当年校务公开的各类栏目。

① 王鸿儒：《黄齐生传》，贵州教育出版社，1995，第71页。

总的说来，黄齐生的教育管理思想可以概括为：民主平等的办学方向、完善运行的组织机构、民主务实的校长作风、力求科学的规章制度、民主和谐的教学管理、民主自治的学生管理。这一推陈出新的教育管理思想顺应社会革命需要，敢于打破封建教育体系，完全不同于旧时私立教育理念，充分体现了新教育科学、民主、平等的要求，不仅促使学校形成了尊师爱生、纪律严明、乐学新知、生动活泼的校风，而且为当时的受教育青年“实现全人格的觉悟”① 提供了有效保障，产生了积极影响。

---

① 洪治纲主编《梁启超经典文存》，上海大学出版社，2003，第263~264页。

第四章　黄齐生的文艺修养与文艺实践

黄齐生先生既是著名的爱国民主人士和教育家，也是接受过典型的传统文化教育的知识分子。他出身贫苦，一生坎坷，却志高华、趣淡泊，有着极为深厚而富有神采的文艺修养。在其投身革命事业与教育改革过程中，黄齐生始终高扬文艺的旗帜，挥洒翰墨，诗词遣兴，针砭时弊，以戏化人，展现了高妙的文艺创作风格与水平，并在其丰富而高雅的文艺实践中，展现出了突出的浪漫主义情怀和正气凛然的君子风度与士大夫风骨。

习近平总书记指出，“文艺是给人以价值引导、精神引领、审美启迪的，艺术家自身的思想水平、业务水平、道德水平是根本”,[①] 这也充分说明了人品与文品、艺品的本质联系。黄齐生在他一生的文艺实践中，风格奇高，风骨凛然，通过自己卓有建树的文艺创作与高标于世的文艺品格，奏响了时代的强音，吹响了文艺的号角，为当时贵州、中国的民主革命运动、解放运动营造了浓郁的文化氛围，激发了地处偏远的贵州地区的文艺生机，为贵州解放事业的最终胜利做出了极大的文艺贡献。即便如今，贵州文艺界也多为黄齐生先生的文艺思想和文艺情怀所影响、所感染，黄齐生也在不一般的文艺革命过程中，展现了自己独特而令人景仰的为人品格和丰富而奔放的内心世界，为当代贵州甚至当

① 习近平：《在文艺工作座谈会上的讲话》，新华网，2015 年 10 月 14 日。

代中国的文艺事业的发展方向和路径选择提供了有益的镜鉴与参照。

第一节　对传统古典文艺的传习与弘扬

中国古典文学与艺术是灿烂而深邃的中华文化宝库中的一颗明珠。从本质意义上来说，中国古典文艺是中国传统社会人格修养的重要基石。我国是文明古国，其文明程度在相当大意义上通过大量的古典文艺作品得以展现。古典文艺作品，尤其是其中的文学作品，往往展现了一个时代的国人精神气质和品格。通过阅读了解古人、通过研究古典文艺作品进而探析中国文化的脉络和气质，是国学研究的一个重要维度。在众多的古典文艺作品中，蕴藏着丰富的民族精神，蕴藏着独具特色的文化内涵，这些精神和文化，从古至今，都展现出具有光彩的生命力。生于偏远贵州山区的黄齐生，同很多传统社会中的知识分子成长路径相似，其启蒙多从中国古典文艺作品入手，在根基上具有鲜明的古典文化特色。

中国传统社会的知识分子往往是诗、词、经、典、文、赋样样皆通，将“琴棋书画”视为“文人四艺”而多有推崇与学习，讲究“腹有诗书气自华”，认为读书可提升人的修养和气质；唐宋以来，此风尤盛。同时，传统知识分子一般认为学习古典文学可完善人格，提高个人修养。国学大师王国维曾云：“无高尚伟大之人格，而有高尚伟大之文章者，殆未之有也。”黄齐生在其幼年与青年时期，长期浸染在传统文化相对较为浓郁的黔中地区，加上家中兄长、长辈等的影响，对古典文艺产生了浓厚的兴趣，他对传统古典文艺的学习与传承是极为用心用力的，并且因此而展现出浓烈的爱国主义情怀与独特的文化气质。

黄齐生有着特殊的成长经历，观其一生，他并没有受过严格系统的学历教育，也没有接受过系统的文艺熏陶，却成为贵州文艺界的“一代宗师”。他是一名饱学之士，是一名经验丰富的教育家，却没有让人羡慕的所谓学历与职称，但是他凭借自己后天的惊人学习毅力和先天的突出文艺天赋，取得了极大的文艺创作成就，成为当时为人所称道和赞颂的文艺大家。仔细分析黄齐生成长的历程，可以看出，其对传统文化的尊重、敬仰和认真的传习，为其最终在文艺、民主革命和教育事业中取得巨大成就打下了坚实的文化根基。

一　根植传统的文艺素养

黄齐生有深厚的传统国学素养，他曾经的学生严金操回忆黄齐生在达德学校教书时，要带学生去四处游历，而且每到一个地方，当看到有对联、石碑、壁上的石刻以及庙内的壁画等，都要让学生诵读和解释，并且再认真地给学生纠正错误和讲解，有好的诗联，还要求学生记诵，认为“他不仅对国学古书有造就，对佛学也有甚深的研究，所以他常给我们解释一些佛教壁画故事，解释金刚经、心经等内容”。[①] 评价他是“不向恶势力屈服的有骨气的正派人，是真正承继了中国古道德又加上新的思想的觉悟，始终跟随着时代走的人”。[②]

黄齐生的传统国学素养，源于其幼年对于国学经典的忘我自学与刻苦钻研。黄齐生小时候就可以到安顺文庙的大成殿为安顺当地的小孩子讲授《三字经》的故事，他曾专门给当地的小孩讲“孔融让梨”的故事，[③] 当时在文庙中从事教学的先生蔡衡武，就对他做出过“果然不俗”的评价。这是对黄齐生文艺才能的最初评价，极为中肯，也正是一个颇有文化含义的定位。

① 刘杰诚主编《四八烈士》，中央文献出版社，2016，第517页。

② 刘杰诚主编《四八烈士》，中央文献出版社，2016，第518页。

③ 王鸿儒：《黄齐生传》，贵州教育出版社，1995，第4页。

黄齐生在幼年时期，极为痴迷中国古典文学作品，他幼年跟随家中兄长有着短暂的私塾式的学习经历。有记载说，他后来便几乎以长工身份到安顺城某私人老板家做事，这个小店即安顺城东东街小十字“义兴恒”店铺，他在这里当学徒、帮工，有过八年“奴籍”。这个私人老板是一个极为尖酸刻薄的人，黄齐生没有条件读书，就自己想办法找书读，在他当童工期间，读了大量的中国传统文学典籍，这为他打下了坚实的古典文学基础。在极为繁重的劳动间歇，他如饥似渴地学习。据资料记载，一次，当他沉迷于《史记·项羽本纪》的时候，没有及时听到老板的喊叫，被老板狠狠打了一耳光，并对他说：“……硬是读到牛屁眼里去了？一个草包，你他娘的生错了命，也想读书？你要读成书，老子把眼睛挖下来给你当响炮踏。”黄齐生受到了极大的侮辱和委屈，但他不哭不叫，忍气吞声走进柴房干活，默默地干完活又抽空继续读书。在类似这样的艰苦读书的过程中，他在幼年就读过了不少中国典籍，“几年过去了，他读的书已经非常可观”[①] “四书、五经、史记、通鉴、楚辞、庄、老，李、杜诗篇，以及《西厢记》《水浒传》《三国演义》《红楼梦》等说部传奇，均寻求窥览；同时还认真阅读了其兄黄干夫从经世学堂带来的近代西方资产阶级政治、哲学书籍，如《民约论》《天演论》《进化论》，意大利、日本维新历史，以及康、梁维新派的《时务报》，强学会的书报等等”。[②] 上述古典文学作品，很多都是思想内涵与文学层次极高的中国古典文学名著和大家作品，对这些作品的精心研读，历来是中国知识分子自我修炼的必由之路。同样，也由此可见，黄齐生的文艺创作与主张，主要由幼年时期扎实的古典文艺认知与传习得来。古典文学文艺创作需要源头活水，黄齐生具有这样扎实的古典文学根基，为他一生的文

---

① 王鸿儒：《黄齐生传》，贵州教育出版社，1995，第 12 页。

② 谢孝思：《黄齐生传略》，转引自贵阳市政协文史和学习委员会《师生忆达德》，1997，第 30 页。

艺实践构建了极为扎实的基础。不但如此，中国诸多优秀的古典文学作品中蕴含的突出的士大夫情结，也对黄齐生产生了极大的影响。

黄齐生不但在幼时喜爱读书，后来名满贵州乃至奔走全国，也经常手不释卷，汲取了大量古典文学的丰厚滋养。他读书多而杂、不落窠臼，既根植于传统，又不仅仅限于传统，经史子集无不批阅。其中对于中国历史，更是用功极勤，于先秦诸子哲学、宋明理学等传统哲学也下了不少功夫。这些因为长期的经典学习而形成的文学、哲学、史学根基，对其后期文艺才华的形成，产生了极大的作用，他自己也曾作诗自励：

风气不能无转移，纷纷插遍革新旗。
兄司实业欲开发，我愿潜修奠础基。
……
非关恬退慕清流，室有藏书可汗牛，
任我摩挲聊补过，母怜儿惫屡呼休。①

诗中“室有藏书可汗牛”，说明黄齐生先生是一个酷爱读书之人。他一生颠沛，国内外多处奔走，但他虽在旅途、虽遭困顿大难，仍然坚信“开卷有益”。如今仔细查阅黄齐生先生的遗作，不管是诗词还是文章，都具有浓厚的古典文学味道，足见他对于传统的经典传习是下了苦功夫的。他对文学的钻研用力之多，实属罕见。如他与贵州文史大家、书画大家，后来客居苏州，被称为“苏州园林之父”的谢孝思先生多有交集。谢孝思一生尊黄齐生为老师，黄齐生在与谢孝思的书信往来中，也经常探讨古典文学的文法文论，流露出了这位“老师”深厚的古典文学素养。如 1931 年 10 月 5 日、10 月 6 日黄齐

① 《爱国民主人士 贵州教育家黄齐生先生》，贵阳市档案馆，1998，第 90~91 页。

生给谢孝思的两封信件，近乎全然讨论文法，颇为有趣，[①] 如下：

其一：

仲、华俩同览：

前日讨论“易”之使用，昨日谈论“不”字用法，夜来稍加整理，得如次之诠释：

兹先言“不”，照《辞海》所载，可列入“同动词”者有五解：

（一）非也。——《礼中庸》：“苟不至德，至道不凝焉。”

（二）弗也。——《礼射义》：“好学不倦，好礼不变。”

（三）无也。——《诗王风》：“君子于役不目不月。”

（四）未也。——《孟子·梁惠王》：“直不百步耳。”

（五）勿也。——《孟子·滕文公》：“我且往见，夷子不来。”

……

其二：

仲谋、叔华如话：

前日争论不决之“不”字，昨早写出，原望得结果，乃殊不然！又恐我与二哥均素性倔强，失之气盛，理或受蔽，望你加入讨论，庶第不致趋于横决，而你又始终不发一言，此我所深滋怅憾者也，在易之道曰“易则易知，简则易从；易知则有亲，易从则有功”。此二哥所习知也，今曰：

不冠冕——要说：“不是冠冕”，才明白也，才合文法。

① 《爱国民主人士　贵州教育家黄齐生先生》，贵阳市档案馆，1998，第107、109页。

不客气——要说："不是客气"，才明白也，才合文法。

不男不女——要说："不是男，不是女"，才明白也，才合文法。

不大不小——要说："不是大，不是小"，才明白也，才合文法。

……

从这样的讨论中可以看出，黄齐生对于中国传统文学的研究之深，其实已是大家水平。而基于诸如此类的丰富而严谨的传统经典的学习，黄齐生在投身民主革命与教育事业过程中就能很流畅自然地运用。中国的古典文学根植中国的历史沃土之中，与群众之间有丰富而微妙的情感联系，黄齐生能做到对古典文艺知识与技能的娴熟运用，为其教育事业的成功起到了良好的辅助作用。他巧妙运用古典文学，议古论今、借古喻今、借古讽今，取得了生动的文艺实践效果。

一是运用古典文学对学生开展生动的文艺熏陶。黄齐生的教学别开生面，在给学生讲课的过程中，往往引经据典，文采飞扬，常常赢得学生一片喝彩。因此，他的课堂，总是生机盎然、生趣别致，学生于高雅文化中感受到中国传统文化的魅力，并且在温润的中国传统文化熏陶中逐渐成长。如他在贵州省立三中（遵义三中）执掌校务期间，给学生讲到识别山西运城"盐湖"的故事，就专门用了东晋才女谢道韫的故事。他在讲"盐湖"的知识时说，东晋谢安面对满天飞雪，在堂前给子侄辈出了一道题，请各位子侄用诗来描写下雪的情景，于是就分别描述了谢道韫和谢朗的两句诗，这在中国文学史上极为著名，也即"未若柳絮因风起"和"撒盐空中差可拟"两句的"高下之分"，并进一步指出："大家想想，这个盐的比拟不就是这种形象吗？"[①] 他

① 雍文涛：《回忆黄齐生先生与老三中》，转引自遵义市政协文史资料委员会《遵义文史资料（第二十二辑）》，1992，第4页。

用这种形象生动的比喻和教学方法，让久居山区的孩子认识到了盐湖这一并不曾见过的事物。由此可见，黄齐生的启发式教育，其实在很多时候得益于他对传统文学、古典文学的熟悉掌握。如果没有扎实的古代文学及文论功底，是做不到这样的游刃有余与信手拈来的。

此处不妨引用他对他的得意门生袁咨桐的“改名”故事，对黄齐生的文学素养略加印证。袁咨桐是今贵州习水人，出身农村，原名袁荣先，后来袁咨桐跟随黄齐生求学，求黄齐生给他改一个名字。黄齐生极为重视，他也认为“荣先”一名欠佳，于是颇费思量。他认为：“荣，原为桐，梧桐也。《汉书·礼乐志》曰：‘桐生茂豫，靡有所诎。’意思是：桐同通，茂豫者，美感而光悦也。”黄齐生又认为：以桐为式故你取号应为式桐。此‘式’字乃《书经微子之命》所言：‘世世享福，万邦作式。’但‘式桐’于人名，容易被人叫作‘四筒’，不雅也。故老夫以为，你可取‘咨桐’之名，式与咨意义相同，而更高雅也。”[①] 黄齐生如此一番地解释为何将袁荣先改名为“袁咨桐”的含义。这样的取名思考，实则也从另一个侧面展现了黄齐生深厚的古典文学功底。

二是运用古典文学对学生开展发人深省的政治教育。对于缺乏教学经验与教学技巧的人而言，政治教育往往带有枯燥的色彩，但是，在黄齐生的教学课堂上，他的政治教育却极能让学生入脑入心，产生强烈的情感共鸣。而取得这样效果的原因之一，就是黄齐生在课堂教学过程中对中国古典文学的巧妙融入。他生动地将政治问题哲学化，将哲学问题文学化，将文学问题生活化，因而极容易引发学生的认同。中国的古典文学作品浩如烟海，集中展现了中国悠久的历史和深厚的文化，其中不乏展现爱国爱民志趣与治国理政思想的大量作品。在黄齐生的教学生涯中，他充分发挥自身专长，将自己丰厚的古典文

① 何建明：《少年英烈袁咨桐》，贵州大学出版社，2021，第 19 页。

学学养转化为生动有效的政治教育素材，有效地将文学教育与政治教育相结合，起到了生动活泼而又催人奋进的教育效果。他在教育学生的过程中，经常巧妙而生动地运用文学经典，发挥了传统国学教化育人、推陈出新的积极作用。在此过程中，他没有泥古不化，而是从中生发出新的观点，往往振聋发聩且发人深省。例如，他在遵义省立三中期间，给学生上《人生哲学》，就非常娴熟地运用了诸多国学经典的要义。如他以《孟子》为基础，给同学们教授人生道理。他的学生雍文涛曾回忆道："他对孟子非常看中，竭力推崇孟子的许多思想，认为这些思想在现实社会中仍有其积极意义。他给我们上课，总是经常引用《孟子》里的原文，诸如孟子对许行的谈话。"[①] 在讲到《孟子·梁惠王上》中的"民有饥色，野有饿殍"以及"斑白者不负载于道也"时，将两句中的"殍""斑"二字作空白，让学生填上。学生填了后再总结，说"在封建奴隶剥削阶级统治人们的社会里，富者田连阡陌，而贫者地无立锥，自然就会有'民有饥色，野有饿殍'和'斑白者不负载于道也'了"。以此来借古讽今、批评时局。同时，他也认为，"过去孟子想以劝说来使王侯们施以仁政，救民于水火之中，通过几千年的历史实践，这是根本不可能实现的幻想"，[②] 通过这样对历史的精到分析，告诉学生救国救民的基本道理。在当时的情况下，要想使中国迎来新的光明，必须推翻和打倒旧的军阀割据的国民党反动派的统治。在他的教育实践和文艺实践中，黄齐生正是通过诸如此类的巧妙而精到、成熟的典故运用，高举文艺的旗帜，引领了当时贵州文艺教育乃至革命运动的新气象。

三是运用古典文学倡树男女平等的时代新风。他积极挖掘古典文

① 雍文涛：《回忆黄齐生先生与老三中》，转引自遵义市政协文史资料委员会《遵义文史资料（第二十二辑）》，1992，第1页。

② 戴明贤、李晓：《石公黄齐生——黄齐生的故事》，安顺经济技术开发区，2018，第114~115页。

学中歌颂男女平等、歌颂女性伟大的因子开展民风改革与教育。黄齐生在安顺和贵阳兴办女学，提倡和主张“天足运动”，并且在达德学校招收女生数十名，聘请女同志董德莹为教师，董德莹也因此成为贵州有史以来全省最早的女教师。而且，黄齐生在开办女学的观念上，主张“笑骂由他笑骂，风气我自开之”，[①] 他反对包办婚姻，提倡婚姻自由。1920 年，达德学校女学部师范班毕业生龚兰清与农科所龙幼安自由恋爱，达德学校师生大力支持，并为其举办俭朴而隆重的新式婚礼，唱《文明结婚歌》，歌词“奏风琴，团坐是佳宾。保证书上成媒介，祝贺主婚人。夫夫妇妇乾坤定，契合慰三生。愿从此爱情发达，游学趁新婚”，让当事人乐于接受并且在当时的贵阳城引起不小轰动。

不但如此，黄齐生还巧妙运用古典文学对学生开展生动的男女平等思想教育。在贵阳期间，他积极编写新剧《孔雀东南飞》在达德学校上演，大力批判封建婚姻的罪恶，提倡婚姻自由。而且，在教学实践中，他也充分从古典文学入手，从民族的情感认同入手，对学生开展男女平等的新风教育。1920 年，黄齐生在贵州达德学校等地推行女学教育。他通过讲解传统文学经典《木兰辞》，拉近了古典与现代的距离，拉近了传统与革新的距离，并且开展了生动的男女平等的观念教育，取得了良好的效果。他在教学的时候问学生：“花木兰替父从军，征战十年，何以能得胜而回？花木兰有了本事，当国家需要而父亲年老之际，她‘愿为市鞍马，从此替爷征’，然后辞别爷娘，宿黄河边，至黑山头，‘万里赴戎机，关山度若飞。朔气传金柝，寒光照铁衣。将军百战死，壮士十年归。’如此弯弓征战学男儿，又是何等样的品质？花木兰为国立功，凯旋归来，何以又不愿为官，而愿

---

① 戴明贤、李晓：《石公黄齐生——黄齐生的故事》，安顺经济技术开发区，2018，第 33 页。

还乡？”在此，除通过运用花木兰的典故培养学生的爱国情怀外，黄齐生认为，花木兰是因为没有小脚所以才能上阵杀敌，这是女生要和男子平等的基本条件和先决条件。学生听后恍然大悟、颇为赞同。于此，黄齐生的古典文学功夫，实际上也成为他从事新式教育的重要法宝。他如果没有扎实的古典文学根基，这样在教学上的自然率真与强大感染力，实际上也是不可能的。

二　高妙卓越的文艺才华

贵州实际上具有深厚的文化底蕴，虽然地处西南，但是自古以来，特别是明清至近现代以来，颇有文化大家涌现，乃至让贵州诗词大放异彩，先后出现了以遵义沙滩文化三杰郑珍、莫友芝、黎庶昌以及名满京华、声动全国的姚华（茫父）为代表的杰出诗词（文学与艺术）大家，黄齐生与姚华为同时代，其诗词功底与诗词成就与姚华堪称并列。在诗词创作方面，黄齐生为贵州留下了许许多多优秀篇章。因为有着坚实的古典文学训练经历及传统文字功夫，黄齐生于诗词、楹联皆有不俗创作，芬芳馥郁，文采菁华，奠定了黄齐生在贵州作为一代文宗的文学地位。

“黄齐生的诗词内容广泛，感情真挚，在一定程度上反映了从戊戌变法、辛亥革命到抗日战争近半个世纪的时代概貌”①。他从20余岁从事教育工作，奔走革命40余年，笑看峥嵘岁月，写下了不少优秀的诗文，这些诗文充分展现了这位教育家、革命家的高尚思想与崇高品德，而且黄齐生为人十分谦虚，不以“诗人”“作家”自居，“而读过他的诗文的人，莫不称道他的作品清新明快，有血有肉，自成一格”。② 我们可以对黄齐生的诗词楹联创作作简要浏览，以图窥

① 黄万机：《黄齐生诗词浅论》，《贵州社会科学》1982年第4期。

② 谢孝思：《黄齐生诗文选》，贵州人民出版社，1981，第2~3页。

一斑而见全豹。

（一）清新明快的诗歌创作

黄齐生的诗歌创作颇为时人称道。1943 年春，上海中华职业教育社办事部主任江恒源先生在贵州湄潭养病期间，曾写过一首寄给黄齐生的诗，即《春日有怀齐生先生》，诗中赞美黄齐生“诗句超元白，心情傲佛仙”①，元稹和白居易发起“新乐府运动”，倡导现实主义的文风诗风，而王维的恬淡平和及李白的浪漫奔放却成为黄齐生人格的写照，江恒源先生的这两句诗堪称是对黄齐生诗歌创作水平的高度评价。唐诗是公认的中国古典文学创作形式的高峰，黄齐生于此用工颇多，一生留下诗篇无数，颇有唐诗遗韵，且多有脍炙人口者。而仔细研读黄齐生的诗歌，则可以清晰地感知到他诗歌创作的鲜明特点。

一是对唐诗，尤其是对元稹、白居易诗“平易晓畅”风格的继承。黄齐生对唐诗很有研究，通过他的一些诗可以发现，黄齐生非常喜爱白居易的诗，他认可和喜爱白居易平易晓畅的诗歌风格，主张歌诗合为事而作，而且对传习白居易诗歌用力很深，他的很多诗篇，流露出了他这样的创作偏好。如他的《再过马嵬坡》诗中，有“爱读乐天长恨歌，我今重吊马嵬坡；杨家姊妹风流甚，其奈收场太惨何？太息明皇晚不明，贤臣不近近奸臣。伤心父老迎銮语，始识民间怨痛深。难掩君王满面羞，六军喊杀国忠头。两京财货如山积，一任乾儿尽量搜。沉香亭久化尘埃，何况纤纤一睡鞋？可也文人夸韵事，只今凭吊尚余哀！”具有明显的对白居易《长恨歌》心追手摹的痕迹。

1942 年 8 月，黄齐生于四川歇马乡乡村建设育才院创作了《赠守瑜七绝百有九首》更是仿照唐人白居易《长恨歌》形式，叙述了

① 张雪澄：《黄齐生先生在中华职业教育社》，转引自贵阳市政协文史和学习委员会《师生忆达德》，1997，第 54 页。

夫妇数十年来的传奇经历，洋洋洒洒，全诗千余字，展现了作者深厚的诗歌创作功底。该诗内涵丰富，充满了浓烈的感情色彩，既有对老妻的赞美和感念，更是饱含了对国家多难的痛心疾首，也抒发了自己投身救国的壮志豪情，譬如在诗歌的序言中，黄齐生就这样说："守瑜妻年晋六十有五，诸孙书来，无任怅触，国家多难，未敢言寿也，成百有九绝以为赠，谓之纪念，庶乎其可。"[①]

二是对李白、王维诗风的推崇。黄齐生的诗歌创作充满了浓烈的生活气息，恬淡天真，富有生趣。他并不刻意作诗，不为作诗而作诗，在激情澎湃之时或者是在大自然中行进感知之余，又或者是与亲友生活交往过程中，他都可以诗兴大发，吟句成诗，他的诗歌作品是由心而出的作品，因此充满着浓郁的生活气息，淡雅天真而又不失瑰丽文采，巧妙地综合了李白诗歌的瑰丽风格与王维诗歌的淡雅气度。如他在给谢孝思的一封回信中写了一首小诗："今早鄜州[②]日，车中得共观。因思诸友好，未尽解延安。生趣充而溢，晴光淡不寒；何时北平聚，同醉大白干。"[③] 黄齐生一生诗意浓厚，每遇悲欢离合，每逢国事更替，都要作诗纪念，诗情浓烈，展现了其浓厚的传统文人的气质和修为。但黄齐生也并不是刻意作诗，他不喜欢悲春伤秋的无病呻吟，他的每一篇诗歌，都是因为世情、家事在内心发起激荡，如此才有的佳作。对于这一点，他的家人都有极为类似的评价。譬如他在延安居住一段时间后要飞往重庆，临行前要和孙辈谈话，其侄孙黄晓庄妻子陈复君请他作诗，说"爷爷，你走到哪里都要作诗，这次要离开我们了，不写几首诗纪念吗？"黄齐生高兴地问他的孙辈，让孙辈评价一下他的诗有什么特点、好在什么地方，其中黄晓庄的评价最得黄齐生的赞赏，黄晓庄认为，黄齐生的诗"好在发在内心，真情

---

① 《爱国民主人士　贵州教育家黄齐生先生》，贵阳市档案馆，1998，第 87 页。

② 指陕西鹿县。

③ 《爱国民主人士　贵州教育家黄齐生先生》，贵阳市档案馆，1998，第 123 页。

流露，不是无病呻吟”[1]，黄齐生对这句评价极为满意，认为极为中肯，黄齐生说：“政治思想上，若飞曾经评得我心服口服；写诗上，晓庄这几句话，最合我意。”真情流露、不矫揉造作是写诗成功的重要条件，特别是写近体诗，除了要有较为坚实和严谨的格律基础外，诗中有没有真情实感，是评价诗歌水平高低的重要标准。黄齐生于此深有体悟，并在诗歌创作之中始终践行。

三是诗词创作注重对典故的巧妙运用。黄齐生在诗歌创作中非常注意对典故的运用，极大增强了诗歌创作的厚重感与文化底蕴。也展示了其深厚的国学素养和古典文学根基，而且典故运用恰如其分，非常贴切。如他的《正安道中口占示景任咨桐》一诗：“一番世界一番新，幸福都缘奋斗生。纨绔何尝不饿死，杜陵枉自笑儒巾。而翁头脑虽然旧，也自殷殷托付来。大好光阴勤护惜，虚心无地不成材。卅年辛苦我何堪，不为积财不为官；为了此心真愿力，责任还从尔辈担。何必十洲三岛求，眼前风景足清幽。蛟龙不是池中物，会向龙潭掉臂游。”写此诗时为1926年，黄齐生任贵州遵义省立第三中学校长。在遵义期间，黄齐生深受黔北民风及诗风熏染，创作热情高涨，遵义是人文荟萃之地，特别是晚清时期，黔北文化名人辈出，以遵义沙滩文人为代表的黔北文艺名家，在当时名动四方。郑珍名重儒林，诗才经学闻名中国而名载于《清史稿》。莫友芝书法堪称黔北一代宗师，黎庶昌堪称中国早期第一代外交家，曾出使多国，有《拙尊园丛稿》《黎氏文集》等出版，在黔北乃至贵州一带享有盛誉，沙滩文化因此被誉为是黔北文化的高峰，黄齐生沉醉研习，诗才颇有精进。到遵义后，他积极革新校政，支持进步学生爱国活动。1927年即遭军阀周西成以“接近共党嫌疑，主张自由恋爱”的罪名下令通缉。先生偕

---

① 戴明贤、李晓：《石公黄齐生——黄齐生的故事》，安顺经济技术开发区，2018，第160页。

王景任、袁咨桐两名学生取道正安小道逃往四川，此诗即在正安道中作。这诗中巧妙运用了杜甫诗中的典故，杜甫《奉赠韦左丞丈二十二韵》诗“纨绔不饿死，儒冠多误身”。作者把这两句愤慨的语言反其意而用之，认为纨绔子弟不见得不会饿死，知识分子不应悲观失望，正大有作为，表达了黄齐生本人作为知识分子的革命意志，一般人都认为“百无一用是书生”，他却认为书生是大有可为的，其诗情与才华旁逸斜出，让人觉得耳目一新，而又不得不叹服。

（二）文采菁华的词坛丽句

史书对黄齐生的词创作记录不多，但中国古典文学中，诗词往往并不分家。善于诗者往往精于词，黄齐生的词创作虽然数量不及诗，但通过其留下的为数不多的几首妙词，可以看出黄齐生精到的词创作才华。

黄齐生先后作过多首《沁园春》词，和毛泽东、柳亚子等先后唱和，成为词坛佳话。1944 年，柳亚子在重庆为他举行的欢迎会上作词《沁园春》一首，回到璧山后的黄齐生心中激动，感而和之曰：

是有天缘，握别红岩，意气飘飘。忆郭舍联欢，君嗟负负；衡门痛饮，我慨滔滔。民主如船，民权似水，水涨奚愁船不高？分明甚，彼褒颦妲笑，只解妖娆。

何曾宋子真娇？偏作势装腔惯扭腰。看羊胃羊头，满坑满谷；密探密捕，横扰横骚。天道好还，物极必反，朽木凭他怎样雕？安排定，有居邠亶父，走马来朝。

1945 年 12 月 18 日，黄齐生读了毛泽东的《沁园春》后，又感而作词，这即著名的《沁园春・六十晋七感咏》：

六十晋七感咏，盖读毛柳诸公之作而学步也。

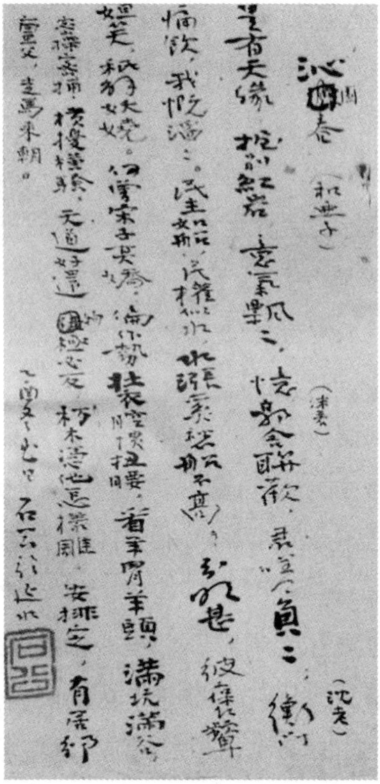

图 4-1　黄齐生手书和柳亚子的《沁园春》词
（摄于安顺市黄齐生陈列馆，2021 年 11 月）

竟夜思惟，半世生涯，转类蓬飘。念圣似尼山，原称混混；隐如桀溺，乱避滔滔。教禀津门，师承南海，许与梁谭比下高。羞怯甚！笑无盐嫫母，怎解妖娆。

不识作态装娇，更不惯轻盈舞秀腰。只趣近南华，乐观秋水，才非湘累，却喜风骚。秋菊春兰，佳色各有，雕龙未是小虫雕。休言老！看月何其朗，气何其朝！

毛泽东主席对这首词非常喜欢，极为赞赏，是年 12 月 29 日，还专门写信回复黄齐生，信中说：“黄老先生道席：新词拜读，甚感盛意。钱老先生处乞代致候。敬祝六七荣寿，关颂新年健康。若飞寄来报载诸件付上一阅，阅后乞予退还。其中国民党骂人之作，鸦鸣蝉噪，可以喷饭，并付一观。"① 信件中除对于黄齐生寿辰的祝贺之意外，"甚感盛意"，表达了对黄齐生词作的欣赏态度。

从存世不多的黄齐生先生的词作品可以看出，黄齐生的词作格律严谨，善于用典，气象堂皇，与毛泽东、柳亚子等当时"词坛高手"相比较，在词风上颇有相似之处。特别是黄齐生对毛泽东主席《沁园春》词的和韵之作，风格整丽、典故频出，得到了毛泽东的高度赞赏，这样的文坛佳话，成就了毛泽东与黄齐生之间的相互欣赏与倾慕，黄齐生的先生之风，毛泽东甚为敬仰，乃至在书信中对黄齐生以"老先生"相称，而且，从文学的角度看，"秋菊春兰，佳色各有"，也成为词坛丽句，毛泽东与黄齐生的《沁园春》词，在文采意境上的确各有千秋。贵州文化学者戴明贤作文记载称，作为"苏州园林之父"的谢孝思，对第二故乡苏州和第一故乡贵阳都始终满怀深情，他不辞辛劳，曾经两次组织苏州贵阳书画联展，并且亲率亲陪，积极地向苏州艺术家赞美贵州山水，向贵州艺术家赞美苏州园林，而且都是如数家珍。苏州朋友常说，谢老在很多场合，有两句永远不变的开场白："贵州是我的故乡，苏州是我的第二故乡，两个故乡我都爱。要问哪个故乡更美，我说两个都美，春兰秋菊，各有佳色。"② 这样的开场白，也颇得世人会意与认可。谢孝思以恩师的词句作为自己表达感情的常用句，也说明黄齐生的词作的确具有极强的审美感染力。

（三）启迪心智的楹联佳作

1929 年，陶行知先生创办的晓庄学校建校两周年，3 月 15 日，

① 《爱国民主人士　贵州教育家黄齐生先生》，贵阳市档案馆，1998，第 68 页。

② 戴明贤：《戴明贤集》第三卷，广西师范大学出版社，2016，第 36 页。

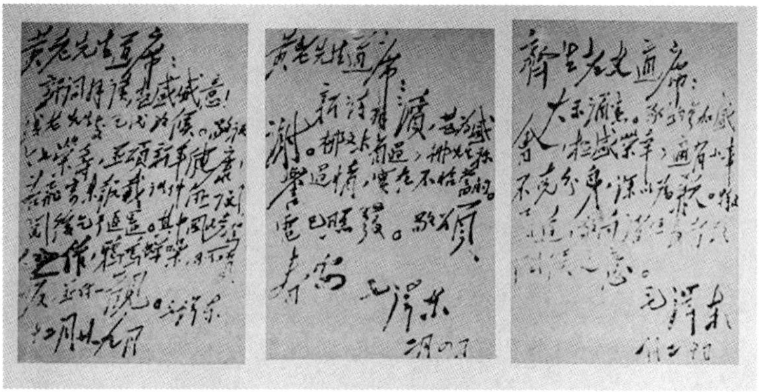

图 4-2　毛泽东给黄齐生的回信
（摄于贵阳市达德学校旧址，2021 年 11 月）

黄齐生在建校纪念大会上发表了热情洋溢的演说，还撰写了一副对联，曰：

> 披荆斩棘，万丈高楼平地起。
> 知难行易，一声长啸破天荒。①

黄齐生的对联有浓厚的时代气息，善于在对联创作中融入对革命思想的诠释，也彰显了自己的政治主张。不仅如此，他也能在对联中展现卓异的文采，在对联中表达浓厚醇恬的生活气息。如他在南京佘儿冈为当地农民合作创办的中心茶园也题有对联，云：

> 中途切莫匆匆去，
> 心事还须细细谈。

① 戴自俺：《黄齐生先生二、三事》，载《贵州文史资料选辑 7》，贵州人民出版社，1981。

这些对联，都彰显了黄齐生深厚的文学素养。他在遵义省立三中任校长的时候，积极改善简陋的办学条件，并且给一些简陋的校舍取了非常文艺的名字。让校园充满了文艺气息。譬如他将一排旧房扩建为花厅式的会议室，在门上还亲题“温故知新之室”，为学校的小花园的廊中小亭题名为“旷观”，又题对联：

仰观遇山俯视得水，
秋结其实春发其华。[①]

对联题好后，黄齐生让学生就地取材，因陋就简，用半剖的楠竹刻成，材质虽然普通质朴，但对联中蕴藏的深厚文化，已经成为黄齐生留给遵义乡民的宝贵财富。

在遵义执教不久，黄齐生遭到周西成政府迫害，不得已逃亡四川。到了四川之后，黄齐生没有安身之处，终日漂泊，索性周游蜀中名胜。在蜀中期间，他自重庆溯江而上乐山、眉山，凭吊苏东坡遗迹，上成都访杜甫草堂、拜武侯祠，后又到了青城山。青城山是著名的道教名山，如今仍然高悬有黄齐生所作佳联，该对联对仗工整，文采斐然，蕴藏了丰厚哲理：

事在人为，休言万般都是命。
境由心造，退后一步自然宽。

这表达了先生豁达开朗的人生态度。实际上也体现了黄齐生丰富的内心世界，他的一生，能够始终做到积极进取克难前进而又心情豁

① 一作“仰观天文俯察地理，既有秋实又发春花”（谢孝思提供），转引自遵义市政协文史资料委员会《遵义文史资料（第二十二辑）》，1992。

达光风霁月，“事在人为”突出了他的革命情怀，“境由心造”突出了他的文人气度，也极为高妙地展现了黄齐生作为一名兼具革命家与教育家风格的传统文人形象。

第二节　融入时代的文学主张

毛泽东指出，“在我们为中国人民解放的斗争中，有各种的战线，就中也可以说有文武两个战线，这就是文化战线和军事战线”。[①]真正的文艺，是属于时代的文艺，也是具有时代气息的文艺。作为一名特殊时期的文艺大家，黄齐生生长于晚清与国民政府统治时期，他将自己满腹才华化为一篇篇文章诗作，以笔为枪，效仿和推崇鲁迅，将文艺作为针砭时弊、救国图强的有力武器。为了更好地接近和发动群众，更好地融入社会与时代，黄齐生植根传统又超越传统，积极提倡新文艺，大胆推崇白话文，为贵州文艺事业发生革命化的转变做出了里程碑式的贡献。

革命时期，在毛泽东等党中央领导同志的倡导下，大量文艺工作者和知识分子涌入延安，曾开展过风靡陕北的“街头诗运动”。1938年以来，延安时期的“战地社”“战歌社”成员陆续走上街头，发布《街头诗宣言》等。诗歌的平民化和革命化进入一个新的高潮，文艺发挥了巨大的为革命事业鼓与呼的作用。在此期间，艾青、公木、魏巍、贺绿汀等文艺人才都参与其中。谢觉哉曾评论说，这样的新文艺形式：“敌人看了惊，人民看了乐。”在延安乃至在整个中国，文艺救国的热情一时高涨，街头巷尾、田野阡陌都成了新文艺的战场。在这样的背景下，黄齐生敏锐地自我求变，在“守正”的同时敢于“创新”，对白话文大胆推崇，并在此基础上对新文艺的时代新用积极提倡。

① 《毛泽东选集》第三卷，人民出版社，1991，第847页。

一　对白话文的极力推崇

黄齐生虽然从小接受了传统的中国教育，对于古典文学，尤其是古文、诗词颇有研究，但这也并没有让其成为一个迂腐的所谓的“好古之徒”，在投身革命的过程中，黄齐生积极提倡新文学，提倡使用白话文，他为了能让更多群众了解和接受新式教育，接纳新式教育理念，吸收进步的文化观念，经常采用白话文进行文学创作。特别是在大量的通俗的文学表达中，黄齐生简单、直白、平易晓畅的文风，富有鲜明而浓烈的生命色彩，具有极强的感召力。他的很多诗词、散文和戏剧作品，使用了大量简单易懂的白话文，更加直接而坦诚地表现了自己的民主革命思想，同时也对民众产生了极强的感召力。

黄齐生一生既有国内传统教育的根基，又经常奔走海外，眼界很宽。他积极宣传民主进步思想，提倡男女平等。在贵州和从国外、延安回到贵州期间，他深切感受到新文艺对时代的唤醒作用，积极投身新文化运动。

毛泽东在延安期间指出：“许多同志爱说‘大众化’，但是什么叫做大众化呢？就是我们的文艺工作者的思想感情和工农兵大众的思想感情打成一片。而要打成一片，就应当认真学习群众的语言。如果连群众的语言都有许多不懂，还讲什么文艺创造呢？”[①] 黄齐生深受启发，不但认真学习群众语言，而且将群众语言艺术化、文学化，从而开创了贵州文艺的新境界。

当然，客观而言，对于新文艺，黄齐生有一个被动接受和主动传播的转变过程。作为一个具备深厚的传统文学素养的教育家，他在带领中国留学生赴法国留学期间，正值五四运动爆发，反帝反封

① 《毛泽东著作专题摘编（下）》，中央文献出版社，2003，第 1550 页。

建的狂澜激荡着中国留学生，他逐渐意识到传统文艺必须服从时代的需要进行自我变革，于是他还积极参与襄助中国共产主义青年团《少年》杂志的编辑工作，积极投身新思想新文艺的传播。虽然是有着坚实的传统文人根基的学者，但是他思想开放，眼界开阔，敢于吸收外来的思想与文艺形式，这为他成为贵州有影响力的教育大家奠定了基础。在法国及其他西方国家留学期间，黄齐生的文艺创作思想也发生了较大变化，他自己也写诗记录这样的历程：“山穷水尽走何方？东洋游罢更西洋。百闻真不如一见，耳目从此大开张。”[①] 这样的“大开张”，成为他学贯中西，进而自觉宣扬现代文艺的基础。

五四运动后，黄齐生更是身体力行推崇和传播白话文。他在达德学校积极提倡白话文，将白话文作为教学语言文字的首选。当时达德学校校长凌秋鹗认为，“文言文是儿童的桎梏，应该学的东西很多，他们一个小小的脑袋，被什么派、什么八股文一类的东西充塞着，还能装点什么新东西呢?”黄齐生对此也深为认同，他们在教学内容中，逐渐摒弃了毫无意义的八股文，把《三国演义》《水浒传》《西游记》《红楼梦》等作为教材，学生既学了文化，又学了历史。对过去流传的“老不看‘三国’，少不读‘水浒’，女不看‘红楼梦’”的旧观点，无疑是大胆的冲击。中国四大名著虽然是古典小说，但均采用的是较为质朴的白话文书写，除《三国演义》的文言味道略重之外，其余三部，学生均能较为直接地接受和消化。黄齐生、凌秋鹗等人这样提倡白话的做法，虽然受到校内外保守势力的反对，斗争激烈，有的人甚至将子弟转学或退学，但达德学校始终坚持。凌秋鹗、黄齐生编辑《达德周刊》

---

① 《中国近代教育之先驱黄齐生》，载《贵州教育史资料选辑》第一辑，贵州省教育厅教育科学研究所，1983。

和《达德学校学生白话文成绩周刊》，更是直接选载学生的优秀白话文习作，对学习白话文的重要意义进行宣传，“成为配合教学写作的重要刊物，是学生的良师益友”。

二　对文艺救国的积极倡导

黄齐生在主张推行白话文的同时，深切地认识到文艺不能仅仅作为文人自我消遣与自我娱乐的工具。他主张文艺应该服从于社会与时代的需要。在熟读唐诗宋词等古代文学作品的过程中，他逐渐接受了新乐府运动所倡导的“文章合为时而著，歌诗合为事而作”的思想，这是黄齐生推广白话文、推广新文艺的内在动因。

黄齐生首赴延安之后回到贵阳，积极奔走宣传共产党的救国理念。为此，他受到了国民党当局的威胁和迫害，面对阴暗的“白色恐怖”，他抓住一切机会广泛开展演讲，“向学员们讲述西安事变与国共合作问题，介绍了延安风貌及抗战形势，使学员受到很大的鼓舞”。[①] 为此，国民党多次对他进行人身攻击甚至威胁，面对诸多恐吓，黄齐生无所畏惧，反而大胆地写出了一首新诗《解放歌》表达心中强烈的反抗精神：

谁束缚你？解放！
谁压迫你？反抗！
只有那甘心做奴隶的人们，
一声儿也不敢响，
一点儿也不敢犟！

类似的新诗浅显直白，朗朗上口，很容易传播。在特殊的革命时

---

① 范同寿、熊宗仁：《贵州抗日救亡运动史》，贵州人民出版社，1986。

刻，这样的新文学具有特殊的时代意义，它能更好、更快地凝聚人心、鼓舞群众，发挥新文学特有的革命价值。

由此可见，黄齐生的新文艺思想，实则和他的革命性教育观念一脉相承。他对陶行知的办学理念极为推崇，并专门为此撰文呼应，他在文中说，“生活即教育，社会即学校”，[①] 具有浓厚的时代气息。社会上的贩夫走卒、商旅农夫都是创作的对象，都是思想的根源。文艺服从于时代需要，首先就是要满足大众的需求，相比较传统的古典文学而言，黄齐生认为，以白话文为代表的古典文艺更有积极作用。同时，作为达德学校的开创者之一，他敢于接受新思想，敢于将新思想、新文艺带到讲台上去。从本质上说，达德学校就是新思想、新文艺的产物。王若飞曾经回忆说：“他们在未办达德学校之先，已共同组织一个达德书社，订阅京沪新出的书报，来互相讲习。从这些书报中去学得科学的民主的种种新认识……由此得见他们创办这个学校的动机，不纯是围着一个儿童教育的目的。我们要明白‘学校’这一名词在三十年前的贵州环境中，它是代表一种科学与民主的思想，是一种革命的组织。”[②]

黄齐生这样的革命新文艺主张，从黔中一直绵延到黔北，乃至巴蜀大地与大江南北。在遵义省立三中任校长期间，黄齐生也一直推崇新文艺，他当时的学生陈沂[③]回忆道：“黄先生是留法学生，具有浓厚的资产阶级民主思想，他给三中却是传入了很多自由开放的风气。给我们上《史记·项羽本纪》的情形至今印象很深。”[④] 他通过巧妙

---

① 黄齐生：《社会大学的我见》，《重庆陶研文史》2009 年第 3 期。

② 王若飞：《对于过去所受母校教育的印象》，转引自贵阳市政协文史和学习委员会《师生忆达德》，1997，第 20 页。

③ 陈沂，黄齐生在遵义省立三中时的学生，解放后曾任中共上海市委副书记、市人大常委会副主任。

④ 陈沂：《我的回忆》，转引自遵义市政协文史资料委员会《遵义文史资料（第二十二辑）》，1992。

无痕的古典文学与现代文艺思想的结合传播，为当时较为落后和蒙昧的贵州学子打开了思想之门；1942 年春，黄齐生应近代大书画家吕凤子的邀请，赴四川璧山县任正则艺专文史教授，他在这个学校讲文史，继续沿用“古典与现代结合、以古典带现代”的方法开展教学。除采用一些具有进步思想的古典文史作品作为教材外，他大量选取一些诸如《新华日报》社论、鲁迅文章等作为教材。在这种新奇而不沉闷的教学方式下，当时的学生们颇感到耳目一新，深受教益。学生们说，“黄先生是教我们做时代人、走革命路的明灯”，[①] 黄齐生新文艺救国的思想，在很多当时的学生心中埋下了革命与进步的种子；1934 年秋，黄齐生任职上海中华职业教育社，张雪澄[②]回忆说，黄齐生在那里“主讲民族精神，就中国历代政治、军事、经济、文化各方面历史人物的事迹，联系当时政治实际，唤起诸生爱民族、爱祖国的热情”。[③] 黄齐生将文学和艺术作为战斗的武器，高扬文艺救国的旗帜，在其教育过程中充分发挥了文艺的独特力量，也起到了震动时代与引领时代的效果。

第三节 现实主义的戏剧创作

美学家宗白华认为，欧洲文学家将文艺的内容归为三大门类，一为抒情文学，二为叙事文学，三为戏曲文学。他认为“抒情文学的

① 刘杰诚主编《四八烈士》，中央文献出版社，2016，第 510 页。

② 张雪澄（1905~1988 年），原名万进，字志鸿，清光绪三十一年（1905 年）出生于连城朋口张家营村。童年入私塾读书，小学毕业后，以优异成绩考入连城县立中学就读。民国 17 年（1928 年）于上海群治大学师范专修科肄业，民国 19 年毕业后考入中华职业教育社昆山乡村改进讲习所学习。结业后，留职教社主编《救国通讯》（后改称《国讯》），并兼中华职业补习学校晨班教学工作。《国讯》是宣传抗日、呼吁救国的刊物。抗战胜利后，其与黄炎培、胡厥文、孙起孟等人共同发起组建中国民主建国会，并当选为常务监事。新中国成立后，任民主建国会中央委员。

③ 张雪澄：《黄齐生先生在中华职业教育社》，转引自贵阳市政协文史和学习委员会《师生忆达德》，1997，第 53 页。

目的是注重描写人的内心的情绪思想的活动，他虽不能不附带着描写些外境事实，但总是以主观情绪为主，客观境界为宾，可以算是纯洁主观的文学。叙事文学的目的是处于客观的地位描写一件外境事实的变迁，不甚参加主观情绪的色彩，他可算是纯粹客观的文学。这两种文学的起源及进化当以叙事文学在先，抒情文学在后，而这两种文学结合的产物乃成戏曲的文学。抒情文学底对象是‘情’，叙事文学底对象是‘事’，戏曲文学的目的却是那由外境事实和内心情绪交互影响产生的结果……”[1] 因此认为戏曲“是文艺中最高的制作，也是最难的制作”[2]。戏曲文学在文艺上实处最高地位。正因为如此，能从事戏曲创作的人，必然要求具备较高的文艺才能。

作为从“地戏之乡”贵州安顺走出来的革命教育家，黄齐生在文艺方面最为人称道的是其在戏剧方面的卓越成就。他的学生、著名美术家、学者谢孝思曾评价他说，“贵州之有话剧，自达德学校黄齐生先生开始”，[3] 其实不但是话剧，黄齐生对于戏剧的研究颇为全面，涉猎甚广，对于话剧、川剧都有不凡的见解和不俗的成就。黄齐生还是一个戏剧工作的多面手，不但能够写剧本，还能够参与舞美设计、演员遴选、剧务等工作，还可以自编自导自演戏剧，堪称贵州戏剧界不可多见的全能型人才。在特异的政治背景下，贵州当时的戏剧没有停留在传统的戏剧形式上，黄齐生大胆进行改革，特别是他利用戏曲推陈出新、崇本开新，别开生面地编写了大量反映现实社会生活与政治局面、鼓舞群众革命斗志的戏剧，通过戏剧这一特殊的艺术形式反映社会问题、揭露社会矛盾、引领社会正气，也因此彰显出黄齐生卓越的戏剧才华。他的戏剧才华，至少可以突出表现在以下几个方面。

---

① 宗白华：《艺境》，北京大学出版社，1999，第8~9页。

② 宗白华：《艺境》，北京大学出版社，1999，第9页。

③ 戴明贤、李晓：《石公黄齐生——黄齐生的故事》，安顺经济技术开发区，2018，第121页。

一　对传统戏剧艺术基因的扬弃

中国是戏剧繁盛之地，在中国各地都有种类琳琅的地方剧种。黄齐生出生在安顺，那里是著名的“地戏”故乡，安顺的地戏被称为“戏曲的活化石”，具有淳朴的艺术风格，在乡野中透出神秘。相传是明朝洪武年间由南征军队带入贵州的一个剧种。地戏演出的时候，演员面罩青纱，额戴面具，身着无绣花纹饰布袍，手执二尺长的兵器，择一平地即可演出，其动作激烈奔放，唱腔高亢而悠长，具有极强的乡土色彩与神秘的文化特征。在当地曾被俗称为“跳神”，带有一定的祭祀性质与宗教色彩，但同时也具备极强艺术感染力。

如今贵州省安顺市的平坝、天龙、幺铺等地，都还能不时看到地戏表演，尤以天龙地戏在全国享有盛誉，如今还成为当地一张亮丽的文化名片。不仅如此，贵州实则也是一个有着浓厚戏剧氛围的地域，黔中贵阳有黔剧，黔北一代则更为流行川剧，至今在遵义很多地域，川剧的“玩友”在当地的很多茶馆酒肆还有演出，20 世纪 80 年代左右，在红白喜事中邀请当地的川剧班子演出，还是一种极为流行的民俗。可见，贵州具有一定的戏剧历史积淀，实则也具有良好的戏剧氛围。

黄齐生在其革命生涯中，经常展现出优秀的戏剧才华，这与其幼时的成长环境和受教育背景是分不开的。黄齐生幼时曾多次看过当地地戏班子演出的《杨家将》《精忠传》《薛仁贵征东》等大本的戏目，这样的经历使他产生了对戏曲创作的浓厚兴趣，再加上他对于传统文学功夫的修为以及他满腔的政治热情，后期他才创作了大量反映时代问题、针砭社会现实的优秀剧作。安顺地戏的灵动之气，给黄齐生带来了独特的创作灵感与源泉。在经历了丰富的人生历练后，黄齐生将他的文艺才情和革命经历相结合，创造出了无数的脍炙人口、让当时贵阳市万人空巷的“看戏”场面。

不仅如此，黄齐生的戏剧作品和创作思想也深受古典艺术熏陶。他1940年前后在贵阳居住，受到国民党反动派的排挤甚至迫害，国民党当局反复盘查达德师生，并且要查看达德师生的有关笔记，以污蔑黄齐生在贵州对延安进行所谓的“反动宣传”，黄齐生怒不可遏，写信给当时的达德学校的校董会中的国民党分子韩文焕、何玉书，并叫他们转告当时的国民党党部当权者，他在信中说：“（国民党）一味防范这个、捉拿那个，似问满清之防范捉拿为何如哉？……每忆《桃花扇》‘国仇犹可恕，私恨最难消；月月争门户，今年旁那家’之句，未尝不惊心而动魄也。”[①] 《桃花扇》作为中国古典优秀剧目，为清代大文学家孔尚任的代表作，与《西厢记》《牡丹亭》《长生殿》并列为“中国古典四大名剧”，而在“四大名剧”中，实则《桃花扇》的时代价值和政治品位最为浓烈，戏剧叙说的是明末发生在南京的一段故事，全剧以主人翁侯方域、李香君的悲欢离合为主线，实则展现了明末南京混乱而落寞的社会现实，揭示了当年弘光政权衰亡的原因，黄齐生熟读中国传统经典，对中国四大名剧实则都有接触，并且通过对于传统剧目创作的研习，掌握了基本的戏剧剧本撰写技巧，为他后期创作出大量精品剧目打下了坚实基础。

二　凸显以戏育人、以戏化人的戏剧理念

作为一种高雅的艺术形式，戏剧必然来源于生活而高于生活。它用极为凝练而文学性很强的语句表达，在浓缩的时间和空间中表达一个主题独立而完整的故事剧情，具有突出的教化育人的作用。毛泽东同志就曾指出，“作为观念形态的文艺作品，都是一定的社会生活在人类头脑中的反映的产物。革命的文艺，则是人民生活在革命作家头

---

① 戴明贤、李晓：《石公黄齐生——黄齐生的故事》，安顺经济技术开发区，2018，第25页。

脑中的反映的产物”。[①] 一个戏剧要能引发观众和社会的共鸣，必须是来源于生活，这样才能发挥文艺的时代作用。唐人白居易与元稹发起的“新乐府运动”，所倡导的“文章合为时而著，歌诗合为事而作”的思想，也是要反对单纯绮丽虚华而欠缺时代责任感的文风。黄齐生的戏剧创作植根于现实、脱胎于革命需要，在戏剧创作中充分汲取了现实主义的滋养，充分将社会需求和文艺创作相结合，因此创作出了具有强烈的现实观照和时代价值的作品。

戏曲的教育意义极为重要，除欣赏程式化和表演化的人物再现外，观众通过演员的台词、唱词以及剧情的投入，可以极为生动地感知戏剧描写的场景，这种代入感则可以起到极大的思想教育作用。特别是在达德学校从事教育期间，黄齐生结合时事，创作了大量教育意义极强的戏剧作品，并以戏剧作为教材、以戏台作为讲台，将戏剧的教育作用发挥得淋漓尽致。

图 4-3　黄齐生等人创作的话剧《共和鉴》剧照

（摄于贵阳市达德学校旧址，2021 年 11 月）

① 《毛泽东选集》第三卷，人民出版社，1991，第 860 页。

20 世纪 30 年代，红军长征经过贵州北上抗日后，国民党大肆编造谣言污蔑共产党，迷惑和欺骗群众。黄齐生不盲从于当局，他在达德学校期间，利用一切机会，根据自己的分析和所闻所见，积极向群众宣传红军，宣传红军是爱民爱国的军队，他充分利用戏剧这一群众喜闻乐见的艺术形式，主张国共应该联合抗日，主张全国人民应该共同团结一致对外。1936 年，他根据贵州著名历史题材彝族首领奢香夫人的故事，编成话剧《奢香》在贵阳的达德学校公演，寓意民族团结和爱国统一，并同时借以揭露国民党当局争权夺利、歧视少数民族的罪恶，在贵州引起轰动，为贵州形成正确积极的政治氛围打下了良好的群众基础，发挥了文艺在革命运动中的积极作用。

作为一名教师和教育工作者，黄齐生充分发挥自己的戏剧创作才华，除《奢香》之外，他先后创作了大量堪作“教材”的戏剧作品，并确实以此作为教育学生的教材，对学生开展丰富生动的国民教育与文化教育。如改良新川剧《大埠桥》、反映戊戌政变故事的新剧《维新梦》[1] 及《武训兴学》《丁文诚诛奸》《亡国恨》《共和鉴》《恢复共和》等，均由达德学校师生演出。剧本大多取材于中外历史，并结合当时形势编写，不仅活跃了学校生活，使学生获得美育的训练，同时也让师生和前来观剧的市民从中获取历史知识，深受教育。而且，黄齐生的戏剧作品，并非仅仅限于在达德学校或在其他教学机构内部演出，而是大量面向社会大众，并且很多是免费观看，尽最大可能地扩大了戏剧的观众量和受众面，也尽最大可能地发挥了戏剧教化民众的时代价值。如在《大埠桥》的创作过程中，黄齐生不仅仅是为了展现历史，表彰英雄人物，他的目的是要

① 此为贵州的第一个话剧。

"以改良戏曲为挽救风俗第一急务"[①]，是为了对群众进行宣传教育，号召人民将清王朝推翻。所以，"编中科白，多有插入时事之处当头棒喝，借资猛省"。[②] 根据文献记载，《大埠桥》上演之后，确实引起了较大反响，达到了黄齐生"以戏育人"的目的。《大埠桥》的创作和演出，在贵州戏剧发展史上具有里程碑式的意义，除了在当时引起了强大的社会共鸣外，还开创了戏剧教育在贵州的新风。当时社会媒体给予了极高的评价，说"世之感人最深者，莫如教育。然教育入人之头脑之效果，则不及小说之神速。而小说移风易俗之能力，则又远逊于戏曲……黄君齐生，以教育名家，夙谙戏曲，以汉族反正之关系于中华前途甚大也，乃就其平日研究明史所得，编新戏一则，意在演出黔伟人何中湘王腾蛟百折不回为明死节之概，以感触同胞思汉之心"。[③] 后人评价，当时"达德学校的戏剧活动，在贵阳的影响是比较大的。统观其活动，有两个明显的特点：其一是，所编的剧务是配合当时革命形势的需要，宣传反帝反封建，传播新思想、提倡新文化为内容。这与达德学校的主持人的进步思想分不开；其二是，其编剧者，主要是黄齐生先生，而扮演者，有教员、有学生。因此，不管从历史的角度，还是用今天的观点去看，这个方向无疑是正确的，仍值得继承和提倡"。"达德学校的戏剧活动，一直持续到抗战时期，对贵阳以抗日救国为中心的戏剧活动的勃兴，无疑起了极大的促进作用……"[④] 这些公允的评价，都充分彰显了黄齐生以戏育人、以戏化人的戏剧理念。

---

① 王鸿儒：《黄齐生传》，贵州教育出版社，1995，第 65 页。

② 王鸿儒：《黄齐生传》，贵州教育出版社，1995，第 65 页。

③ 《爱国民主人士　贵州教育家黄齐生先生》，贵阳市档案馆，1998，第 25 页。

④ 王鸿儒：《黄齐生传》，贵州教育出版社，1995，第 76 页。

图 4-4　黄齐生等人创作的戏剧《亡国恨》剧照
（摄于安顺市黄齐生陈列馆，2021 年 11 月）

三　坚持以古喻今、借彼喻此的创作思想

囿于时局，黄齐生在很多时候并不能直接痛斥和反对当时的国民党反动统治，而戏剧正好为黄齐生提供了独特的发挥空间。戏剧的虚拟化色彩，有助于黄齐生开展革命宣传工作的一些政治需要。但戏剧强大的文艺感染力，又特别容易使观众在看戏之后产生强烈的内心共鸣，这种独特的文艺力量，为当时黄齐生开展戏剧创作，进而为贵阳、贵州营造良好的革命氛围提供了强大的支撑。因此，黄齐生热情高涨，积极开展戏剧创作，一大批如《大埠桥》等的优秀剧目，在黄齐生的笔下焕然生辉，也成为贵州戏剧发展史上的重要作品。

《大埠桥》是黄齐生创作剧目中的杰出代表，它具有浓厚的时代气息，在当时引发了强烈的社会轰动，观者如潮。而这部优秀作品，则是黄齐生以古喻今、借彼喻此创作思想的集中呈现。该剧的创作有明显的政治背景，1911 年 10 月 10 日，武昌起义爆发，清政府灭亡，中华民国建立。贵州光复不久，经过数日紧张的排练、筹备，1911年11月14日晚，《大埠桥》在达德学堂上演。贵阳著名川剧演员熊昆山饰演何腾蛟。演出的盛况，时人记述云："军民先后入观者数万人，心动神移。泪涔涔下而不自觉也，则我齐生之戏典作用安得日非神乎教育者耶?"对熊昆山等人的演出："昆山竭数日之力乃训练娴熟，昨于忠烈宫开台扮演，昆山自扮中湘王，抖擞精神，英灵酷肖，且满奴满酋等字不绝于口，是深知华夷之辨，中外之防者。扮洪承畴者不知其为何许人，亦能描写满州奴隶之滥派，惟装束尚欠整齐。小麻子扮孔有德，于失全州之后，红顶子变成蓝顶子，并摘去双眼花翎，几翻露出患得患失之状，反颜事仇之贼直被他活活描出。"在当时极为艰难的表演条件和舞台条件下，黄齐生创作的戏曲能得到这样的演出效果，实在是难能可贵，这也足以说明，戏曲真正能打动人的，并不是华丽的道具和服装以及演出的场景，而是作品本身的思想内涵和时代意义。

不仅如此，黄齐生作为没有武装力量的"一介书生"，以手中之笔为武器，创作了大量结合时事、针砭时弊、唤醒民众的作品。他创作的很多戏剧犹如一枚枚尖利的钢针，刺向蒙昧的社会肌体，打通了淤堵的社会命脉，又如同半夜惊雷，炸醒了习惯在黑夜中昏睡的人群。1915年5月7日，日本人向当时的中国政府提出了所谓的"二十一条"，5月9日，袁世凯政府竟接受了日本灭亡中国的"二十一条"，黄齐生闻此义愤填膺，于6月25日手书"勿忘五月七日"并刻在一块五尺高的石碑上，立于达德学堂的天子台前。紧接着，黄齐生更是创作了著名的新编历史剧《亡国恨》与《共和鉴》，又集中呈现了他以古喻今、借彼喻此的创作思想。《亡国恨》主要是描写朝鲜爱国人士安重根刺杀日本内阁总理大臣伊藤博文的历史事件，此剧讽刺和影射了袁世凯卖国求荣的现实。《共和鉴》主要写美国华盛顿争取国家独立之事。话剧演出的戏台两侧是黄齐生书写的"揭开黑幕，放大光明”八个大字[①]，演出之前，黄齐生登台致辞，介绍剧情，对日本帝国主义企图灭亡中国的狼子野心再次揭露，对袁世凯政府卖国的罪行进行怒斥。演出之后“观众认识到了亡国的惨痛、救亡的迫切，殉国的光荣，卖国的可耻，从而对窃国大盗袁世凯的卖国行为更加痛恨”[②]，达到了很好的宣传目的，全国上下反对袁世凯卖国行径的呼声日益高涨，“二十一条”宣告无效。诸如此类的戏剧创作，是贯穿黄齐生戏剧作品始终的。黄齐生一生的文艺创作，于戏剧用功最多，成就也最大，但综观其剧作，融入时代的创作思路与引领时代的文艺价值观是黄齐生戏剧之所以产生强大社会效应和文学效应的重要原因。

第四节　平易晓畅的艺术风格

音乐、美术是作为“文艺”之“艺”的主体，音乐、美术素质是一个人艺术审美素质的重要和核心组成部分。黄齐生作为一名教育家，在教育理念上很多地方具有独到之处，其中一个值得称道的地方是他非常注重美育。同时，在其开展美育过程中，也体现了他极为深厚的美育素养。黄齐生认为，教育有三个层面，分别是真、善、美，其中，科学的头脑是为“真”，平等博爱的精神是为“善”，而艺术的兴趣则为“美”。基于这样的理念，黄齐生一生痴迷艺事，在艺术，特别是音乐与美术方面成绩斐然。不但如此，作为一名颇具艺术素质与艺术修养的教育家，他积极将音乐教育与美术教育贯穿他的教学全过程，在革新教育理念的同时，他积极培养学生认识美、欣赏美、崇尚美、创造美的素质，并和诸多当时的艺术大家颇有交集，更

① 王鸿儒：《黄齐生传》，贵州教育出版社，1995，第 84 页。

② 张笑尘：《回忆贵阳私立达德学校》，载《贵州文史资料选辑 7》，贵州人民出版社，1981。

是培养了黄晓庄、谢孝思、刘叔华等多位音乐美术方面的优秀乃至大家级人物，为振兴中国近现代音乐美术事业做出了重大贡献。

平易晓畅是黄齐生艺术创作实践的突出风格。平易即平实自然，晓畅即流畅、简单、大方、易懂，平易晓畅是中国古典文学家普遍较为推崇的风格，这种风格容易被大众接受，容易引发普通百姓的情感共鸣，因此其文艺作品往往表现出朴实、生动、自然的艺术气息，并且具有强烈的时代感。其“群众基础”往往比晦涩艰深的文艺作品要好很多。历史上很多文学家，诸如白居易、曾巩等，其文章诗句均以“平易晓畅”著称，白居易是黄齐生颇为欣赏的一名古代文学家，在黄齐生的很多作品中，也表现出了较为强烈的“白诗”风格。陈毅元帅《冬夜杂咏·吾读》诗：“吾读乐天诗，晓畅有深意”，也极为精到地说明了这一点。黄齐生用平易晓畅的风格，创作了大量戏剧、诗词等文学作品，也在其美术、音乐的教育与创作中展现了这一风格。他的这种艺术风格，深受贵州百姓喜爱，诗词作品读起来朗朗上口，戏剧作品看起来酣畅淋漓，美术音乐作品欣赏起来脱俗清新。这样的艺术风格选择，使黄齐生的艺术实践产生了极大的艺术感染力，为贵州近现代文艺事业的发展起到了积极的奠基作用，在他的影响和培育下，贵州逐渐成长和涌现了一批优秀的文艺大家，后来逐渐形成气象，蔚为大观。黄齐生在贵州文艺中的筚路蓝缕之功，必当载入史册。

通过分析黄齐生的成长经历，我们不难看出，他虽然并不是中国音乐史、美术史中的“大家”，但是他的思想、他的教学，使他的很多学生颇受教益，他的很多学生成长为影响贵州、影响中国的音乐美术界的大家级人物。他与学生朋友之间的艺事交往，弦歌阵阵，余音不绝。他培养了诸多音乐美术方面的杰出人才，成为他们的知音，这种独特的具有“高山流水”之韵的艺坛佳话，也展现了黄齐生卓异的艺术审美素质。

一　黄齐生的艺术根基

作为一名具有传统文人气质的学者，黄齐生的艺术素养并非凭空产生，而是与他的成长经历密不可分。“万丈高楼平地起”，高雅音乐与书画的启蒙，成为黄齐生具有良好艺术天赋的重要渊源。中国艺术强调书画同源，强调文人情趣。自唐时起，“琴棋书画”就成为文人“四艺”。黄齐生因为受到过较为传统的文人式教育，所以对音乐、国画、书法等艺术形式都产生了浓厚的兴趣，经过后期的艺术实践，在此方面具有了相当造诣。

黄齐生很小就表现出了过人的艺术天赋。他八岁开始“发蒙”读书，随兄黄干夫守业于舅外祖父王紫霈及表兄彭雨生，而史书多有记载，王紫霈先生就是一个“精于琴笛歌唱”的人。[1] 很显然，王紫霈对黄齐生产生了一定的音乐启蒙教育作用；而在其幼年时期，他的美术素养的初步形成，则与其兄黄干夫有相当大的关系。黄干夫是贵州近代著名的教育家，也是著名的画家，美术界对其有较高评价，至今遗有相当一部分丹青作品存世。黄干夫除了通文史、精数理外，还是一个绘画大家。黄干夫的画作兼具中国画与西洋画的审美气质，在风格和意蕴上走中国画的路子，在技法表达上却有很多西洋油画、素描等画种的功夫和因素。黄干夫的画作，“融中西于一体，清晰地透射出传统绘画从古典形态向近代形态演进的痕迹”。黄干夫以画人物著称，也同时兼攻山水，至今尚有《无边秋色入窗棂》《溪山深秀图》《云山飞泉图》《风泉琴韵》《家山春望图》等山水画，《鬼图》《安禅制毒龙》《白描五百罗汉像册》《冰染雪笠图》《梦溪咏社雅集图卷》等人物画传世。特别是他表现底层百姓生活的作品《挽车人物图》在中国近现代国画中占有一席之地，美术家顾朴光评价这幅

---

① 《爱国民主人士　贵州教育家黄齐生先生》，贵阳市档案馆，1998，第 13 页。

画“用写实手法表现底层百姓生活，在艺术上又如此精湛的作品，可谓凤毛麟角。它不仅在贵州绘画史上开创了近代写实画风的先河，在中国近代绘画史上亦占有重要位置”。[①]

谈及黄齐生的兄长对他艺术创作的影响，黄齐生本人也常常自称：“家兄性嗜典籍，兼攻绘事。于古来仁人志士，时敬摹之以诏后进。今取所藏王像，付诸石印，以为兹编冠冕。亦以见凡仆之稍能表见于社会者，皆兄教也。”[②] 表达了自己对善于图画的兄长黄干夫的尊敬以及对黄干夫对其美术素养形成的启蒙、教育作用的肯定；另外，通过对史料的梳理，可以看到黄齐生在幼时即受到良好的书法熏陶并有浓厚的书法兴趣，由于其舅外祖父王紫霑的启蒙熏陶，黄齐生对书法这一传统而高妙的艺术形式产生了发自内心的挚爱，“受舅外公的影响，弟兄俩爱上了书法艺术，哥哥禄贞还喜丹青，在考中秀才之前他就开始试着挥翰泼墨。他常常爬上（青苔）堡外两里处的将军山上写生，去寻找创作的灵感，去时常带着弟弟”，[③] 在舅外公和妙善丹青的兄长的指引下，黄齐生对中国的书画艺术颇有灵性，见解不凡。加上黄齐生生于黔中安顺，安顺是著名的山水之乡，风景秀丽，山水多姿，这样的山水灵动气韵也颇能培育艺术的灵感，黄齐生及其兄得黔中山水滋养，于艺术的审美角度不凡，造诣也就颇有出尘逸态。

二　黄齐生的音乐素养

严格来说，黄齐生并不是一名音乐家，但是他对音乐有着极为独到的见解，他用他对音乐的独特感悟，影响和培育了很多学生。

① 《黄齐生与安顺幺铺青苔堡》，安顺经济技术开发区文体广电旅游局，2017，第 158 页。

② 谢孝思：《黄齐生诗文选》，贵州人民出版社，1981，第 173 页。

③ 戴明贤、李晓：《石公黄齐生——黄齐生的故事》，安顺经济技术开发区，2018，第 74 页。

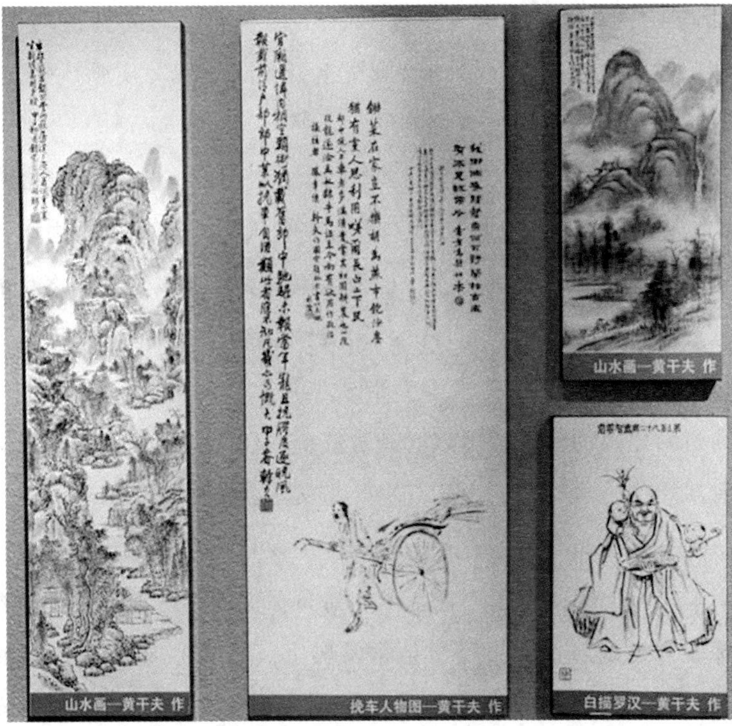

图 4-5 黄干夫国画作品
(摄于安顺市黄齐生陈列馆，2021 年 11 月)

他在达德学校等教学机构从事教育的过程中，积极提倡艺术教育，提倡音乐进课堂，提倡音乐熏陶在教育中的积极作用。黄齐生对音乐的认知，主要体现于他在达德学校教学期间的一些教育观念中。他特别推崇音乐对于学生审美素养形成的重要作用。譬如这封黄齐生致达德学校教师包北弘的信件，可以看出黄齐生对于音乐的独特认知：

> 乐有“器乐”“声乐”之别；以广义言之，“朗诵”“长啸”“唱歌”“度曲”皆声乐也；孔子与人交接往来，“诵诗”与“唱歌”为必要之技术，后世迂儒空言礼乐，礼固太丰失了作

用；乐则需以让诸令人及鼓舞，比与仲对于朗诵持留意，不蹈旧时读八股滥调及不取现今中小学课本的一种怪声气；先从木兰辞夷□歌等壮快淋漓者入手，文则如欧阳修五代史伶官传亭朗诵起来，直不知天地间尚有甚龌龊悉苦事也。

现时有一口号是“不成功，便成仁”；究竟成仁何益？非通佛家三世之义不能圆其说。孔子曰：无艺术以害仁，有杀身以成仁”。仁字是名词，与“仁者”“仁民”之仁不同。是即所谓“道”所谓“德”；分析言之，曰“智”曰“勇”，合而言之，亦只是一个“仁”。盖就其本体而言，曰“德”。

仁者何？“具有人格而无间在生死的灵性”是也。

齐生

卅一年五月二十八日于壁山正则二院

资料来源：《爱国民主人士　贵州教育家黄齐生先生》，贵阳市档案馆，1998，第131~132页。

这封信流露出了黄齐生对音乐教育的推崇。他认为“朗诵”“长啸”“唱歌”“度曲”皆是声乐，主张应该对学生进行轻松而系统的音乐教育，并且把音乐教育与人格教育直接联系起来，具有很强的哲理性，体现了高度的音乐自觉。

中国儒家认为，“兴于诗，立于礼，成于乐”[①]，“乐”的作用是从感情上陶冶人，黄齐生认为，在“修己待人”中，美育更是具有特殊的作用。特别是在待人方面，需要“本之以真，感之以诚，出之以敬，裁之以义，节之以礼，和之以乐”，同样认为“音乐”之类的审美教育具有重大的人生修养意义和育人价值。为此，黄齐生身体力行，在达德学校期间大力推广音乐教育。

① 见《论语·泰伯》。

图 4-6　黄齐生等人组织的筑光音乐会
（摄于贵阳市达德学校旧址，2021 年 11 月）

在黄齐生的影响和教育下，其侄孙黄晓庄也成为中国近现代较为著名的年轻音乐家。黄晓庄也是“四八烈士”之一，20 岁时遇难，是“四八烈士”中年龄最小的成员，当时是延安鲁迅艺术学院音乐系的教员。黄晓庄自小深得黄齐生喜爱并时常带在身边，因为常得黄齐生亲炙，加之天赋异禀，黄晓庄很小就展示出了杰出的音乐素养，先后在重庆青木关国立音乐学院、陶行知举办的重庆育才学校音乐组学习。先后两次随黄齐生赴延安，并最终形成了革命而正确的音乐创作观念，先后创作了大合唱《救受难的祖国》、歌曲《我的心在家乡》《当我漫步在延河上》《红军打进了柏林城》及钢琴作品《小花鼓》《新年》等音乐作品。歌曲《往哪里逃》还曾发表在 1945 年 5 月 13 日的延安《解放日报》上。[①] 在黄齐生的教育下，黄晓庄深入人民群众，主动积极收集陕西民歌，为延安人民作曲放歌，深得毛泽东等人认可。透过史料不难看出，黄齐生对黄晓庄的音乐教育，正是黄晓庄最终成长为人民音乐家的重要原因。2020 年 12 月 5 日，研究组赴京开展调研

① 刘杰诚主编《四八烈士》，中央文献出版社，2016，第 537~541 页。

采访，有幸亲自拜访了黄晓庄先生的夫人陈复君教授，陈复君教授时年已94岁高龄，其在接受采访时，对于黄齐生的音乐教育理念也是相当认可的。不但如此，陈复君本人也受到过黄齐生的教育与影响，在新中国成立后逐渐成长为中央音乐学院的一名教授，主攻音乐翻译，著作等身、成就斐然。

三 黄齐生的美术素养

黄齐生先生家学渊源，虽然出身贫苦，但是因为其兄长等族人及其他朋友的影响，从小接受了起点较高的古典美术教育，对以中国画为代表的艺术形式很有见地，表现出较高的美术欣赏水平。同时，作为一名传统知识分子，他对书法有天然的爱好，而且用功很深，乃至书法成就较为突出，在其从教生涯和社会活动中，他的书法作品也广为人称道，他曾教过的多名学生，也对他的书法作品极为推崇。作为传统文人的基本功之一，书法成为黄齐生在艺术方面的重要成就载体，并对贵州书坛后续的发展，也产生了一定影响。与此同时，黄齐生不但是一名美术实践家，更是一名美术评论家与鉴赏家，他和学生的美术教育对话、对学生的美育引导，表现出深厚的美术理论功底，均展现了他颇为高深而独到的美术素养。

黄齐生于国画、书法用功甚勤，而且观念独到。他认为，“文明各国，最重美术，而图画一科，又为美术之主要”。[①] 从遗存不多的史料中可以看出，黄齐生虽然没有画作传世，但他对中国书画艺术始终心存景仰，并且他与中国书画大家多有交流，吕凤子、谢孝思等书画名家，更是将黄齐生作为知己。他们书画作合，彼此题赠，展现了浓厚的文人情趣与艺术素养。

（一）黄齐生的国画素养

黄齐生与谢孝思堪称贵州艺坛的两座高峰，谢孝思是享誉中

① 谢孝思：《黄齐生诗文选》，贵州人民出版社，1981，第173页。

外的大画家，对苏州园林的保护、弘扬居功至伟，享有“苏州园林之父”的盛誉，而谢孝思一直尊称黄齐生为老师。谢孝思生于贵阳的一个书香门第，其曾祖父谢宝书先生是一位饱学之士，有《秋棠山馆诗集词集》《听秋图卷》等多种遗作传世，其父亲谢士瑞先生聪慧过人，在贵阳亲手营建了亭台楼阁，打造草木葱茏的“谢家花园”，可见谢孝思的成长环境是一个充满中式审美意趣的家庭。在当时相对闭塞的贵阳，有这样的家庭其实已经是凤毛麟角，但是谢孝思并没有养成骄矜之气，反而一直为人虚怀若谷，襟怀坦荡，这样的画品与人品并非凭空得来，谢孝思在多处文章中提及，这都得益于黄齐生教化之功。谢孝思先生自己曾深情地陈述：“我这一生，受益最深的两位老师：一位是吕凤子先生，教我作画；一位是黄齐生先生，教我做人。”[①] 吕凤子作为一名美术大家，教授谢孝思的是“艺”之“术”，而黄齐生作为一名教育家，则主要教授谢孝思的是“艺”之“道”与“艺”之“品”，是其美术成长之路上的人生导师。实际上，中国书画多有人品即艺品之说，人品才是艺品的先决条件，不但如此，有着优秀的传统艺术修养的黄齐生，在艺术上也对谢孝思多有指导，并最终让谢孝思成长为贵州乃至全国的一名杰出的国画大家和美术大家。他也最终成为谢孝思铭记终生的艺术道路之上的“良师益友”。

黄齐生对美术人才的培养，遵从鼓励、提点、坦诚交流的原则，很善于激发学生的创作热情并获得特别的审美视角。他对谢孝思的画作极为欣赏，经常从“知音”的角度对谢孝思的国画进行勉励、指引。从下面这封黄齐生致谢孝思的信件中可以看出，黄齐生有极为深厚的书画审美素养：

---

① 《爱国民主人士　贵州教育家黄齐生先生》，贵阳市档案馆，1998，第 8 页。

图 4-7　谢孝思画作
（摄于贵阳谢孝思刘叔华先生书画陈列馆，2020 年 12 月）

仲弟如话：

……据飞开名单给我，须得到处后，应酬的有三四十处，以送画为妥贴，今已选所带来者约二十多幅付裱（分全绫半绫及纸边三种）。我本拟用二千元买宜纸，交承绪带来，请弟为分别烦诸学友赶画，但他今和祥素绕行转，最快得五号的天才能到校。因之，我特发此信，望弟代垫就壁山购买，即无宣纸，别样纸亦可画得三几十幅，由弟亲自带来（八九号来呈望），更足壮我们的行色……

齐生

卅三年一月二日灯下（重庆）

资料来源：《爱国民主人士　贵州教育家黄齐生先生》，贵阳市档案馆，1998，第128~129页。

看信的内容可知，其为黄齐生委托谢孝思和他的学友们创作一批画，赴延安赠送革命人士的。同样，通过另外一封致谢孝思夫人刘叔华的信件，也可以看出黄齐生对于国画艺术很有鉴赏能力，乃至对于国画悬挂陈设的位置也极为讲究，展现了其具有中国文人气质的独有审美，摘录原信件部分如下：

叔华：

……北碚教育部编辑委员会的那位席征庸君昨日来我处，睹壁间二哥的两幅山水（画），惊欢之至，恳我代求。我自不忍推脱，想起我们北碚那一段生活，他是添不少兴趣，鼓不少勇气，所以我就乐得介绍给二哥作一个知音的艺友。

我的壁上须得一幅写得秀健的单条来暖眼，你看这个责任除了“大方家”还是谁呢？……

齐生

卅年五月四日[①]

① 此为1941年黄齐生先生在北碚乡村建设育才院时给谢孝思先生之夫人刘叔华的明信片。

资料来源：《爱国民主人士　贵州教育家黄齐生先生》，贵阳市档案馆，1998，第128~129页。

在信中，黄齐生向刘叔华及其先生谢孝思求画，而且还是代他人求画。信中也表明他的审美态度，在什么地方需要悬挂什么样的作品，包括什么形制的作品，并且不无调侃而亲切地称呼谢孝思为“大方家”，这都是其文人画审美意趣的展现。

黄齐生的很多题画诗，特别是对谢孝思、刘叔华伉俪的题画之诗，蕴含着丰富的文人趣味，而且立意高远而清新，充满了笔墨情趣，体现了黄齐生丰厚的美学素养和对中国画题材、意境的独特看法，如：

1. 题仲谋、叔华画（题仲谋叔华合作竹溪图集前人句）

水性淡，为吾友；竹心虚，是我师。这叫做才子佳人信有之。

2. 题仲谋画双松图

两松亭亭立，欲语情脉脉；旁有好事者，躬亲为撺掇。意气一以通，精诚表团结。无须待岁寒，已见好颜色。

3. 题叔华画双松图

两松亭亭，若浓若淡，相映成妍，添来良伴；在远有舟，在上有鸟，天空海阔，谁能我扰？

4. 题仲谋画

高坑崖下石桥东，青木关前逆旅中，一个虬髯[①]来海外，奇情侠气古雄风。

① 唐张说《虬髯客传》写虬髯与李清、红拂在旅店侠义相逢故事。

猗猗[1]绿竹写千竿。琢磨切磋意态闲。我是情天一块石，还从破处补因缘。

资料来源：谢孝思，《黄齐生诗文选》，贵州人民出版社，1981，第55~56页。

上述四首诗，为1941~1942年，先生为他的学生谢孝思、刘叔华解除封建婚姻的枷锁，相与在璧山正则艺专共生活所题。这几首题画诗，寓作者以侠情，寄后辈以殷望。在歌颂现代爱情的同时，展现了他对谢孝思夫妇在美术方面的教育、引导。

图4-8 黄齐生、谢孝思、刘叔华合影
（摄于贵阳市达德学校旧址，2021年11月）

同时，作为一名传统知识分子，黄齐生对传统国画体裁较为偏爱，他对岁寒三友（松竹梅）、四君子（梅兰竹菊）等题材的认知也很有见地，表达了自己对于艺术独特的审美角度，托画言志，托物抒情，展现了浓烈的文人味道，如他曾写过一首《答张曙时老友》诗，

---

① 《诗经》载："瞻彼淇澳，绿竹猗猗。有斐君子，如切如磋，如琢如磨。"

这样写到："读公三首岁寒诗，梅样心情竹样姿。可又丸丸[1]苍劲气，后凋合与松争奇。"诗中巧妙地表达了"松竹梅"的意象，也表达了自己的文人倾向。张老为当时延安"怀安诗社"诸老之一。《论语》有载，"岁寒然后知松柏之后凋"，这是他内心独白的真实写照。

黄齐生以其深厚而独到的美术素养，对贵州近现代美术教育事业影响甚深。即便如今，贵州文坛、画坛的很多名家，也时常顾念先生对贵州美术的开拓之功。不但如前面所述的谢孝思先生，而且谢老的夫人刘叔华女士也是一位杰出的画家，在黄齐生的影响和栽培下，其国画艺术也呈现极高水平。甚至先后还拜入大画家吕凤子、潘天寿等门下，她痴迷画竹、爱竹入迷。其墨竹创作"笔墨、境界均不逊古贤"。[2] 谢、刘伉俪在美术上取得巨大成就与黄齐生的教导和影响密不可分，这也是贵州文化界，特别是美术界人士的共识。

（二）黄齐生的书法素养

书法是很多传统文人的"看家本领"，在传统知识分子眼中，书法往往是必备的"基本功"。他们将书法融入日常生活，写字即练字，书写即书法，因此书法作品往往体现出其浓厚的生活情趣，往往是从生活中信手拈来，没有雕琢刻意的痕迹。这也往往是书法从技而向道的必然展现。传统文人往往重视对小楷等书体的严格练习，因而书法基本功扎实，然后衍及行书、草书、篆书等书体，呈现丰富的书法兴趣与创作技巧。中国人讲究"书品如人品"，讲究"书为心画"，认为可以从一个人的书法作品中，洞悉书法家本人的人格、气度与为人风貌。这样的传统书法审美认识，在黄齐生身上，也有较为典型的体现。

黄齐生对书法也颇有研究，陈毅元帅称赞他"矛翰创新格，颜

① 丸丸，劲直貌。《诗经》云："松柏丸丸。"

② 戴明贤：《戴明贤集》第三卷，广西师范大学出版社，2016，第37页。

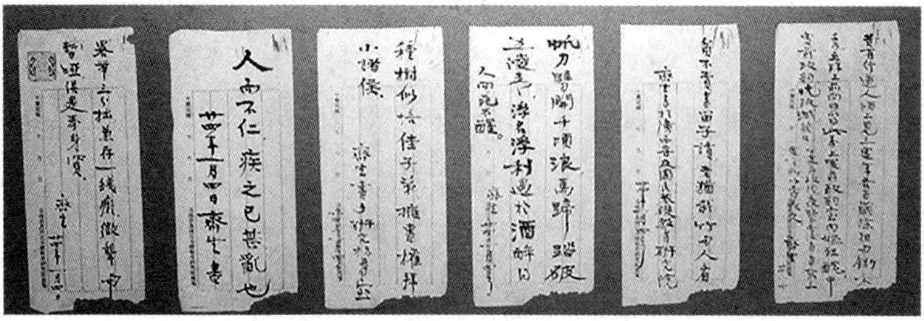

图 4-9　黄齐生手迹
（摄于安顺市黄齐生陈列馆，2021 年 11 月）

欧能荟萃”，评价极高，认为他的书法宗法唐楷，与颜真卿、欧阳询书法颇有研习。新中国的前外交部副部长韩念龙（遵义仁怀人）也是黄齐生先生在遵义三中的学生，就曾这样评价过黄齐生，“黄齐生先生很健谈，到三中任校长后，威望很高。他常给学生们上大课，顶风冒雨在大礼堂讲学……黄齐生先生在三中，喜欢骑马，很有派头。他又擅长书法，是一位书法家，他写的是张裕钊①那种字体”。② 可见黄齐生的书法造诣已经颇得时人称道。不仅如此，黄齐生还与一些书法名家及其后代有一定交集，他的学生陈沂回忆：“贵州与王若飞同时参加革命的还有严希纯同志，他是书写‘颐和园’的严寅亮的儿子。严希纯参加过北伐，在国民革命军一个团部当过党代表。”③

① 张裕钊（1823~1894 年），字廉卿，号濂亭，湖北鄂州梁子湖畔东沟镇龙塘张村人，晚清官员，散文家、著名书法家。其书法独辟蹊径，融北碑南帖于一炉，创造了影响晚清书坛百年之久的“张体”，被康有为誉为“千年以来无与比”。后入曾国藩幕府，为“曾门四弟子”之一，被曾国藩推许为可期有成者。生平淡于仕宦，自言“于人世都无所嗜好，独自幼酷喜文事”。

② 韩念龙：《回忆我的母校与黄齐生先生》，转引自遵义市政协文史资料委员会《遵义文史资料（第二十二辑）》，1992，第 6~7 页。

③ 陈沂：《我的回忆》，转引自遵义市政协文史资料委员会《遵义文史资料（第二十二辑）》，1992，第 12 页。

实际上，黄齐生的书法功底和造诣与他的诗词修养有很大关系。美学家李泽厚认为：“在中国所有艺术门类中，诗歌和书法最为源远流长，历时悠久。书法和诗歌同在唐代达到了无可比拟的高峰，既是这个时期最普及的艺术，又是这个时期最成熟的艺术……它们都分别是一代艺术精神的集中点。唐代书法与诗歌相辅而行，具有同一审美气质。”① 黄齐生忠于艺术的正统，对唐诗有很深研究，同样，其书法因为其诗歌底蕴，自然气象不俗。

黄齐生的书法水平颇为时人称道，戴自俺②先生曾回忆说，“黄先生性格爽朗，平易近人。他有一口美髯，不少同学称他为‘美髯公’。他的书法很好，在教学指导之余，校内外不少人请他写字，他总是有求必应。他的书法苍劲有力，宛如其人”，③ 这是对黄齐生艺品和人品的高度评价。不但如此，他还经常指导朋友、学生书法，对书法的审美进行品评，佳句频出。如他的《题叔华临十三行小楷》“千古书家数二王，献之留得十三行。无双合有无双笔，字字临来字字香。”可见黄齐生对素有“小楷极则”之誉的东晋王献之“玉版十三行”小楷颇有研习。④

综上可知，黄齐生虽然不是书画大家，但以其卓越的艺术素养与教育方法，成为诸多书画大家的良师益友，他在对学生的教育中积极推崇艺术教育，培育学生的美术审美素养。在黄齐生的倡导与教育及

---

① 李泽厚：《美的历程》，三联书店，2009，第 138 页。

② 戴自俺（1909~1994 年），贵州省长顺县人，共产党员。1928 年春考入晓庄师范，选修幼儿教育专业。毕业后曾在南京、上海、安徽、北京等地因地制宜地应用生活教育理论从事幼儿和师范教育工作。他曾参加创建陶行知主持的中国第一所农村幼儿园和第一所专收工人子弟的劳工幼儿团工作，也亲身参加了山海工学团、育才学校的教学工作。解放后曾任中央教育部民族教育司处长、北京市陶研会副会长等职。

③ 戴自俺：《黄齐生先生二、三事》，载《贵州文史资料选辑 7》，贵州人民出版社，1981。

④ 谢孝思：《黄齐生诗文选》，贵州人民出版社，1981，第 54 页。

影响下，达德学校书画人才辈出，很多还成长为后期著名的书画大家，除谢孝思、刘叔华之外，曾是达德学校学生的张星槎也成为贵州著名的书法大家，其题写的素有贵阳市“城徽”之称的甲秀楼之涵碧亭对联，至今仍镌刻在涵碧亭石柱上：“水从碧玉环中出，人在青莲瓣里行”，奔放而苍古的书风让人过目难忘，成为贵阳市一幅书法上乘之作，与南明城内之山光水色并秀。黄齐生以自己深厚的文化功底和独特的审美意识与能力，对贵州乃至全国艺术人才的培养产生了深远影响，其艺术之光闪耀黔中。

第五节　文艺作品中的浪漫主义情怀

综观黄齐生一生，他生活艰苦，从未享受过优越的物质生活条件。综观他的诗文作品，始终充盈着丰富而正气堂皇的现实主义与革命情操。但无数读者在阅读黄齐生作品的时候，又会分明地感受到黄齐生一生以诗文自娱、以自然为伴、以风雨自乐的鲜明的浪漫主义情怀。他的文艺作品体现了创作内容的现实主义和文字精神的浪漫主义的高度融合，充满着独有的文人气象和潇洒风度，读来让人觉得回味无穷。

一　寄情山水的豁达

一个人对自然的热爱，往往是其文思之源。譬如魏晋文学倡导自然之美，欣赏自然之境，在这样的情感牵引下，魏晋文学奇才辈出。三曹、建安七子、竹林七贤、谢灵运、谢朓、陶渊明等文学大家，他们的文学作品或是描写苍凉雄浑的自然气象，或是描写隽永淡雅的田园风光，或是充满山光水色的云水情怀，都始终充满了自然空灵的气息。这种气息本质上体现了文学家丰富的内心世界和以自然为怀的文学创作风格。自然既是自然生命的起源之地，实际上也是精神生命的起源之地。他们深受“以自然为美”的审美思维的影响，实际上也流露出道家风格的独特审美和文学气质。黄齐生一生游历中外，奔走江湖，揽群山入怀抱，在白色恐怖与凄风苦雨中始终保持对生活、对自然的向往和热爱，这也正是其文艺生命始终保持蓬勃气象的文化根源。

如他幼年体弱多病，老母亲为了他能尽快痊愈，便烧香拜佛，求神保佑，但是无济于事，体质越来越差。17 岁时，表哥彭雨生给了黄齐生一本由美国传教士兰雅译的《卫生编》，读过之后，深受教益，“于日光空气生信仰，对大自然逐渐起爱好”，黄齐生这才了解户外运动对体质增强的种种好处。他以日光、空气、鸟声、树色、远山、近水、芳草和鲜花为“八宝”，并专门写了文章《八宝颂》，专门撰写了八首诗，深情吟咏，感悟至深。从此，黄齐生坚持户外运动。渐渐强健了体魄，极少生病。据记载，受黄齐生的影响，王若飞也坚持户外活动，从不懈怠。①

我们可以从下面的《八宝颂》诗中看到黄齐生乐于融入自然、感悟自然的文艺情怀：

日光

给我光明暖我身，不分秋夏与冬春；
太空神妙知何恨？第一关垂总让君。

空气

头脑新时景物拼，朝来佳趣满人寰；
阳鸟如父君如母，怀抱曾无半刻闲。

鸟声

爱她清脆爱她柔，金石笙簧逊是幽；

① 王鸿儒：《黄齐生传》，贵州教育出版社，1995，第 44 页。

我欲卿卿心醉矣，天明百啭闹枝头。

树色

雒阳城东大路旁，花花相对叶相当；
何如陵上老松柏，苍翠扑入眉宇凉。

远山

气嶙峋兮势郁勃，充实辉光蕴璞玉；
长笑青莲夸敬亭，青城不到枉游蜀。

近水

白石粼粼映带深，东风吹起碧波纹；
怪他一点都无力，万斛楼船为底轻。

芳草

春光一抹绿平铺，偶步池塘兴有余；
偏又王孙惜别去，天涯争禁梦频呼！

鲜花

亦疏亦密亦纤依，万紫千红乐意融；
落本无心开正好，问君新种几多丛？

资料来源：《爱国民主人士　贵州教育家黄齐生先生》，贵阳市档案馆，1998，第139~140页。

1938年，黄齐生与谢孝思、黄晓庄从昆明到重庆，准备去看望黄炎培以及其他职教社同仁，他们沿着正在修建的川滇公路入川，实际上，在当时的革命形势下，这样的“旅途”是充满危险的，但是黄齐生心中豪情万丈，充满了革命的乐观主义情怀。一路之上，黄齐生作诗，谢孝思作画，黄晓庄则唱歌，三人在艰难的革命旅途中不但不觉得寂寞，反而趣味盎然。黄齐生在过了黔北的赤水河后，登上雪山关，北望便是四川之境。他当即就作下了著名的《过雪山关》诗：

于今三度雪山关，民五归途记讨袁。
只为国亡家不保，两番追捕胆欲拈。
苦中作乐我诚能，数到年华笑六旬。
阿霁十三仲卅五，旁人误认三公孙。
我口能弹霁唱歌，仲工绘画技尤多。
雪山关景休忘写，映带应连赤水河。

面对国民党当局的围追堵截，还能够于漫漫征途之中有这样的闲情逸致，其境界情怀足见非同反响，这也是黄齐生寄情山水的诗性品性。这充分展现了黄齐生的云水情怀和广阔胸襟。

不但如此，即便是处在极为困难和艰难的生活条件中，面对国民党当局的种种刁难与责难，黄齐生仍然坚持诗词创作，并且用极为隽永细腻的文笔，对生活的场景细节进行审美化的解读与描写，极富自然之美，饶有趣味，细致读来，让人倍感如沐春风。如果当今的读者不去联想当时的特殊岁月，则会很难想象到这是一个在困难与苦楚中奋斗的革命战士所创作的。如他在 1943 年至 1944 年期间写成的《新秋即事》，就有这样的诗句："星期盼到两三朋，几样家常菜味浓。物价涨来千百倍，想欢也得许稍丰？柴门临水稻花香，佳制挈从歇马乡，今日疑仍居画里，不教明月碍东墙"①，诗中巧妙地借用和嵌入了唐人许浑的"村径绕山松叶暗，柴门临水稻花香"佳句，在表达自己"几样家常菜味浓"的豁达的同时，更表达了自己身处乱世，但居于山水间的浪漫与轻松。"今日疑仍居画里，不教明月碍东墙"，更是展现了诗人于自然环境之中的轻松与惬意。这是一种较为典型的中国传统文人的审美意趣的体现，融合了道家以自然为美及佛教禅宗以简为美的审美理念，有着很高明的文化内涵。

① 《爱国民主人士　贵州教育家黄齐生先生》，贵阳市档案馆，1998，第 97 页。

他任遵义省立三中校长不久，因为教育理念“不合时宜”，被当时的贵州省主席周西成通缉，周西成以“黄齐生接近共产党嫌疑，主张自由恋爱”为由，甚至要逮捕他。黄齐生闻讯出逃，在千难万险中进入四川境内，在“蜀道难”的四川，四望川中险峻与满眼风光，他也慨然作诗“卅年辛苦我何堪，不为积财不为官”，他认为唯有投身更为广阔的大地，拼搏一生，才能洒脱为人。他在当时的诗作中写道，“何必十洲三岛求，眼前风景足清幽。蛟龙不是池中物，会向龙潭掉臂游”，表达了自己大无畏的气概，更是表达了自己自然审美的独特意趣。

二　闲庭信步的乐观

黄齐生一生贫苦，却始终不惧于在极端危险的社会政治环境中奔走呼吁，经常面对困难的生活条件和恐怖的政治威胁。黄齐生处于这样特异的时代背景，难能可贵的是始终保留了闲庭信步的乐观主义情怀。因为这样的情怀，他从未因生活的困苦而悲凉，也从未因政治的迷雾而迷茫。在他丰富的文艺作品中，始终散发出积极向上的清新之风与昂扬正气。

他的生活情趣体现在诸多的与当时的文雅之士的诗文信札往来之中。譬如他在给谢孝思的一封信中，转达别人对谢孝思画作的欣赏，就用了“双双百雀行书案，点点梅花入砚池。闲坐小窗读周易，不知春去几多时”的诗句，并且在信中又说，“我近来确领略如斯风趣”，[①] 展现了自己对生活情趣的文人化理解；又如，1932 年 12 月他在河北定县赴归绥探望和营救王若飞的过程中，当时传闻国民党当局将颁发大赦令，王若飞认为出狱有望，便劝黄齐生离开。黄齐生为了观察时局和等待王若飞出狱，仍然留在定县。是年冬天，先生还在回

① 《爱国民主人士　贵州教育家黄齐生先生》，贵阳市档案馆，1998，第 113 页。

戴自俺的信中附了一张照片，照片后面题诗一首，充分表达了他的乐观主义情怀："衷情领略欢畅后，杯酒销从烈焰中。如此年华如此度，人间何处不春风。"[①] 在诗歌中，他充分表现了自己对于革命必胜、前途光明的憧憬和期望。

黄齐生这样对革命前途的乐观主义态度，也深刻地感染了当时在监狱中的王若飞。王若飞当时在狱中写信，给湖南大学教授、表姐夫熊铭青的信中这样说："……弟处逆境，与普通人不同处，即对于将来前途。非常乐观。这种乐观，并不因个人的生死或部分的失败、一时的顿挫而有所动摇。弟现时所最难堪者，为闲与身体之日见衰弱，恨不能死于战场耳！每日天将明时，枕上闻军营号声，不禁神魂飞越乎！嗟呼！吾岂尚有重跃马于疆场之日乎？"[②] 这封信在表露了王若飞对中华民族存亡的关切和渴望驰骋疆场的赤诚的同时，连用了两个"乐观"，展现了自己大无畏的崇高品格。不仅如此，在探望王若飞期间，黄齐生还写成《百灵鸟》诗赠王若飞，在诗中说，"笼中虽好岂其家？纵会高飞空扑壁。不自由兮毋宁死！人与物兮同一理。鱼脱钩兮虎脱柙，世间快事俦能比？别翁上驴回顾意茫茫，百灵百灵尔堪怜！愿将世界铁笼齐毁尽，乐园处处鸟关关！"[③] 表达了对"鱼脱钩兮虎脱柙，世间快事俦能比"的神往和"愿将世界铁笼齐毁尽，乐园处处鸟关关"一般的砸破一切囚困革命人士的牢笼，迎来春色换人间的憧憬和期许。王若飞对这首诗非常喜爱，熟读背诵，深受感染，并以此来作为教狱友的教材，表达了自己渴望自由，"不自由兮毋宁死"的革命者情怀。不但如此，在当时的寒冷天气里，黄齐生还买来白酒，与王若飞在狱中酣畅欢饮，"谈笑声百步外可闻，狱中

---

① 《爱国民主人士　贵州教育家黄齐生先生》，贵阳市档案馆，1998，第 48 页。

② 《爱国民主人士　贵州教育家黄齐生先生》，贵阳市档案馆，1998，第 49 页。

③ 谢孝思：《黄齐生诗文选》，贵州人民出版社，1981，第 29~30 页，这首诗是 1932 年秋黄先生第二次到归绥狱中探望王若飞时作。

人很是感激”①，个中豁达更是让人惊叹。

1946年3月，黄齐生从延安乘飞机赴重庆前作诗《别诸孙赴重庆》，这样写道：

行将作别不无辞，诵我新吟一阕词。
蓬转如飞思竟夜，生涯关世近于诗。

谷仓湘省患年荒，何况边区似走廊。
为有治人先治法，从教瘠土变天堂。

贪污腐化竟成风，几个而今不苟同？
来信狂澜不可挽，有人招手乐园中。

兔死狐悲纵可哀，法西终竟要锄开。
试看疾雨狂飙后，尽有光风霁月来。

该诗通篇表现了黄齐生对延安“奇迹”发自内心的赞美和对全国革命必胜的乐观心情。特别是其中的“试看疾雨狂飙后，尽有光风霁月来”成为全诗的诗眼，仔细品来，可以感觉到这样的诗在当时的时局之下极具感召力。黄齐生通过类似的诗文创作，并且经过革命战士与群众的广泛传诵，乐观主义的精神演变为一种乐观主义的教育方式，在当时白色恐怖和强权政治的大氛围中，起到了点燃革命星星之火、让无数近乎悲迷的革命人士重拾革命信心的强大作用。

---

① 《爱国民主人士　贵州教育家黄齐生先生》，贵阳市档案馆，1998，第78页。

第六节　文艺作品中的君子风度与士大夫风骨

黄齐生的文艺作品具有独特的灵性与风格，其本质上和他阳光积极、正气堂堂的生活态度是分不开的。在数十年的教育与革命生涯中，他虽然没有所谓的“官员”身份，但始终心忧国是，关怀民生；他始终光风霁月、坦荡超逸，他有丰富而独立的人生理想，他的人格追求是有其内心参照的，这可以从他对孙中山的高度评价中看出他的人格追求。1917 年，黄齐生率领贵州留日学生出国前夕，专门去上海拜会孙中山，和孙中山促膝畅谈后，他真诚地认为孙中山“与政客处而无官僚气，与士大夫处而无迂腐气，与军阀处而无横暴气，与农工处而无粗率气，与哥老处而无流氓气，与富商华侨处而无市侩气，此其所以为盖世之伟人”。[①] 从这段文字可以看出，实际上黄齐生内心深处所向往和认可的，正是如同孙中山先生般的为人风范，那样的为人风范，本质上是谦和淡雅的君子风度和正气凛然的士大夫风骨的高度统一。

一　谦和淡雅的君子风度

黄齐生一生始终保持高雅的情操与情怀，他对自己的人生定位也极具“文艺”气质。他自己给自己取了号，号“青石”，晚年号“石公”，早年的著述之中，还曾用笔名“倜傥生”。中国传统文人的字号都具有极强的符号意义，往往是对自己性格爱好和人生志向的高度归纳和概括。黄齐生的“青石”“石公”之号，表明了自己坚强不屈的性格，而“倜傥生”则表明了自己的淡雅超脱的温柔气质与性格。

① 谢孝思：《黄齐生传略》，转引自贵阳市政协文史和学习委员会《师生忆达德》，1997，第 30 页。

这在他一生的作为和著述中都有很鲜明的体现。在他的身上，展现了作为一名文人，一名生于乱世、勤于治世的文人形象。

黄齐生在其发蒙之前，他的母亲和族中长辈就会给他讲一些传统的文学故事，其中大多是中国国学中的经典，比如囊萤映雪、悬梁刺股之类。其幼年时期，他母亲给他唱的一首安顺乡间的山歌："一张白纸飞过街，哪个读书哪个乖。人人读书想官做，丢下秧苗哪个栽?"这首歌谣对他产生了深远影响。他一生淡泊名利，虽然读书，却并不以当官为天下第一等事，颇有在贵州悟道的王守仁并不将"读书登第"作为第一等事的"阳明遗风"。据黄齐生侄孙黄晓同回忆，"爷爷一向鄙视官吏，也教育我们读书不要去当官"，[1] 这充分展现了黄齐生淡泊名利的品质。

又如黄齐生在遵义省立三中工作时间不长，执掌校务不过一年时间，但是他淡然超脱的性格和气质得到了遵义人民的广泛认同。他不畏权贵、刚直不阿的性格给遵义人民留下了深刻印象。他离开遵义后，遵义人民还专门为其写了一副对联，此联很能表现黄齐生的淡然之性："不官非嫌名位薄，立言乃见性情真。""立德、立功、立言"一向被认为是儒家圣人的三大事，黄齐生能以"立言"著称，以"不官"闻名，足见其过人之处。

黄齐生在他的文学作品中，经常托物言志，在展现出自己浓烈的革命者情怀的同时，也展现了自己温文儒雅的谦谦风度。譬如他在自己著名的《八宝颂》及诗中，特意对李白的"相看两不厌，只有敬亭山"进行了解释，并且联系到对峨眉、青城两座名山的壮丽景色的描写，抒发了自己对古人隐者之风、贤者之风的向往与追求。并在《八宝颂》的最后，专门就"格物"二字进行了文学化的阐释，他在

---

[1] 黄晓同：《忆祖父黄齐生——和爷爷在一起的生活点滴》，转引自遵义市政协文史资料委员会《遵义文史资料（第二十二辑）》，1992，第 55 页。

文中说："余于格物吟，而后续有兹篇。叙吾人生理上实际受用，夫亦可谓明白若乃精神上之影响，则何如？试就吾人性格言之，有温暖如日光者，有冷酷如冰霜者；推之脑筋不清新则陈腐，言语不和谐则叫嚣，发虏不苍润则格槁，气势不郁勃则呆板，心境不澄澈则污浊，情绪不芊绵则芜杂，丰采不明丽则黯淡。格物致知，如是如果。"[①]在这段文字中，黄齐生用诗意的语言，对"人性"进行了对比化的分析，实则展示了自己对于人性之别的情感好恶，表达了自己对人性品评的独特见解。他不但有这样的见解，而且在实际中也积极践行，终生保持为人上的谦逊风度，在取得巨大成就的同时，赢得了世人的尊重。比如他在《我所知道的老友凌秋鹗君》一文中说："我于达校，非创办人，君则坚持我为创办人之一，提议推我为当然校董，照章非创办人不得出。而我始终不承认我为创办人……"[②] 他对外界和对好友始终谦让，不争做所谓的创办人，表达了自己对"为"与"位"的理性认知与在乎"为"而不在乎"位"的君子气度。

我们还可以从他与黄炎培的诗歌互答中看出黄齐生淡然的品格，黄炎培写诗《漕河泾农学团开学日对两桐树有感》："小轩瑟瑟两株桐，无奈秋来落叶风。尽汝孤高成百尺，敢探雨露上天功？高山流水梦中寻，相赏牙期何处琴？留为后人作梁栋，园丁自报百年心"。黄齐生作诗以答，成《答任之宗兄咏桐两绝即步原韵》一首："亭亭双玉碧轩桐，惯敌繁霜惯敌风。为具先天刚直性，平分雨露不矜功。工师无复肯相寻，韵事居然爨尾琴。除却钟期谁解赏？高山流水伯牙心。"[③] 这首诗的创作背景是 1934 年，国难日急，华北行将不守，秋，黄齐生离开定县平教会南归上海，受黄炎培聘请，任中华职业教育社漕河泾农学团总干事，开学之日（九月一日），两先生在教室楹

① 《爱国民主人士　贵州教育家黄齐生先生》，贵阳市档案馆，1998，第 140～141 页。

② 《爱国民主人士　贵州教育家黄齐生先生》，贵阳市档案馆，1998，第 151～152 页。

③ 谢孝思：《黄齐生诗文选》，贵州人民出版社，1981，第 30 页。

前茶话，席间，黄炎培作诗赠黄齐生，诗中含意，盛气凌人，黄齐生笑而受之。当夜步韵写此二绝，“为具先天刚直性，平分雨露不矜功”恰如其分地体现了其淡雅超脱的为人品性。

又如，1941 年秋天，黄齐生侄孙霁元（黄晓庄）以年龄最小考入音乐院，不久，院当局知他到过延安，借故以“不守校规”把他开除。黄齐生用《淮南子》“塞翁失马”的故事，启迪他祸福得失之事，要观其究竟，不能以一时论。“塞翁失马，安知非福。”其胸襟广大，可见一斑。诗《闻霁被黜口占一绝即寄仲谋同证》云“千古达观塞上翁，不将得失滞胸中。我今能耐百无似，幸此区区见解同”。[①]

又如，他在《题续君范亭杂咏及乱谈集》中开篇就说：“立身求实不求高，智自深沉胆自豪；为挽狂澜兴祖国，拼将身命等鸿毛。”这种“求实不求高”的情怀，正是他内心独白和外在追求的体现。而他的《题自照》（时年 54 岁，民国二十二年七月于绥远）是一首自我评价诗，在谦逊之余，也非常恰如其分，诗云“自家看看，到也不恶，行年六十，知非如昨。八宝是摄，六龙是御，佛言化身，百千万亿”。其中，他以学力、识力、才力、爱力、胆力、体力为新时代做人的标准，称为“六龙”。又借用佛家谚语，说佛菩萨现身于世宣传佛法的种种化身，乃至百千万化身，此二句意谓要以种种方法为人群服务，透露与表达了其低调务实、虚怀若谷的高尚品格。

二　正气凛然的士大夫风骨

鲁迅先生曾经指出，要改造国人的精神世界，首推文艺。举精神之旗、立精神之柱、建精神家园，都离不开文艺。文艺是精神力量的

① 谢孝思：《黄齐生诗文选》，贵州人民出版社，1981，第 42 页。

生动展现，文艺在国民精神塑造中的地位和作用不可或缺。

作为一名传统知识分子，黄齐生既潜心问道，又关注社会，始终心怀家国，他一生士气纵横，志不苟求，始终保持传统知识分子的盎然气节与凛然正气，也因此赢得了包括毛泽东、朱德等老一辈革命家的极高赞誉，在当时的知识分子群体之中也产生了深远影响。自古以来，知识分子和政界的关系颇为微妙，在处于江湖之远与处于庙堂之高的同时往往存在难以调和的矛盾，能够同时获得政、知两界人士赞誉的实在是微乎其微。黄齐生以难得的政治情怀和学术修养，淬炼了其自身风骨凌然的士大夫气象，却得到了当时政、知两界的高度评价，除了毛泽东、朱德、周恩来等党和国家老一辈领导同志对他的高度赞誉和尊敬外，当时的教育家、史学大家郭沫若在“四八”空难之后撰文悼念黄齐生，称赞黄齐生“黄老石公，今之文中，教人不倦，大德有容，不为强御，不讲困穷，振声发聩，声若洪钟”，[①] 也是充分肯定了黄齐生高昂的士大夫风骨。

贵州著名文化学者戴明贤先生也认为：“我曾经对贵州人思想行为的地域特点（我称之为‘山民性格’）很感兴趣，想过要写一本《山民档案》，黄齐生、谢孝思和王若飞三位乡贤都是必选的人物。我很为贵州出过这些至情至性、侠骨热肠、厚重而又犀利的杰出人物而自豪。”[②] 作为黄齐生先生的同乡，安顺人戴明贤老先生的这段评语是非常恰当的。黄齐生身上的“山民”性格，是一种质朴而坚强的人格，是黄齐生铮铮铁骨的生动写照。仔细分析黄齐生的文艺作品，其间流露出的知识分子风度与士大夫风骨让人既感且佩。

一是不畏强权的精神。在反对袁世凯的斗争中，黄齐生积极参与

① 戴明贤、李晓：《石公黄齐生——黄齐生的故事》，安顺经济技术开发区，2018，第117页。

② 戴明贤、李晓：《石公黄齐生——黄齐生的故事》，安顺经济技术开发区，2018，第121页。

讨袁大业，当时的黄齐生仍然在达德学校任教，也以一介书生之力，声援讨袁。而且他不畏艰难，与外甥王若飞一道为讨袁大业奔走呼喊，展现了极为强烈的中国士大夫的时代担当，当时云南任可澄的讨袁檄文中有一句话，“成则为少康一旅之兴夏，败则为田横五百士之殉节”，[①] 这也是黄齐生一腔热血为国奔走的生动写照。

黄齐生一生不畏强权，为了正义他可以舍身取义。作为一名教师，为了自己的学生，他可以在大官僚面前据理力争。在南京营救他的学生——年仅 17 岁的袁咨桐的时候，他到了南京谷正伦官邸，对谷正伦义正词严地说：“学生爱国有心，虽然行动过激，也不至于犯了死罪。袁咨桐只有十七岁，更不该如此判决。我特来请求释放。”面对谷正伦“不要受共产党利用”的威胁，先生慨然说：“我是办教育的人，真理在谁的手里，我就同情和支持谁，从不问是共产党还是国民党！”后来袁咨桐就义，黄齐生也冒着巨大风险，不畏生死，携谢孝思一起去雨花台祭奠。在他的诸多诗作和文章中，也流露出了很多这样的精神气节，展现了一个具有传统士大夫气节的文人形象。

同样，在他的诗作中，他常用借喻的手法，表现了一个文人刚直气节。如《答任之宗兄咏桐两绝即步原韵》中[②]，就有类似的诗句“亭亭双玉碧轩桐，惯敌繁霜惯敌风”，[③] 以梧桐树比喻自己，说自己“先天刚直”，而且面对严酷的风霜仍然毫不畏惧，是面对强权的一种昂然态度的展现。

1938 年，黄齐生从延安考察回来后，在贵阳四处宣传中国共产党的革命主张。国民党贵州党部扬言威胁黄齐生要其“封口”，黄齐生说，“共产党抗日积极，有办法，我为之宣传，这确是我的义务，

---

① 戴明贤、李晓：《石公黄齐生——黄齐生的故事》，安顺经济技术开发区，2018，第 92~93 页。

② 黄炎培，字任之，1934 年 9 月，黄齐生在上海郊区受黄炎培聘请，担任“农村改进试验区”总干事。

③《爱国民主人士　贵州教育家黄齐生先生》，贵阳市档案馆，1998，第 50 页。

要我不讲，如何可能?”[①] 非但如此，他一面坚持在达德学校继续上课，一面还积极在贵阳参加抗日救亡运动，并且自号“石公”，取“老而弥坚”之意，表达自己和强权政治抗争到底，亲笔写下了当时脍炙人口的《解放歌》。并且疾呼“谁束缚你？解放！谁压迫你？反抗！”以振聋发聩之声，引领了当时贵州抗日民主运动的浪潮；1940年夏，黄齐生在达德学校积极开展抗日宣传文艺活动，全校生气盎然。国民党党部却派人来达德学校排查学生的书信等物，看是否存在教师教学中的反动言论，黄齐生不畏强权，义正词严地直面国民党反动分子说：“党部差人来校追查我，此比清末及洪宪两役所受震恐，难逮十一。在我不死则奋斗，死了当歇气……”[②] 堂堂正气溢于言表，让贵州的国民党反动当局心惊胆寒。

还有一点同样难能可贵的是，黄齐生的不畏强权，不但不畏惧政治人物的“强权”，而且不畏惧学术大家的“强权”。如当时的康有为身为变法领袖，又是著名的学术大师与书法大师，“康南海”之名天下皆知。黄齐生曾经于张勋复辟失败之后到苏州太湖之滨去拜谒康有为，康有为高谈阔论之余，“严声厉色地转而责骂孙中山先生，责斥孙先生为狂徒，毁了国君，误了中国”。而黄齐生面对康有为的奇谈怪论，敢于站出来反对，当即严辞以对：“康先生变法图强，国人赞之。至于反共和，忠帝制，我师生二人断不能接受!”这样义正词严的驳斥，让康有为对眼前这位贵州先生不得不另眼相看，连忙道：“黄先生真奇士也，黄先生之学生亦奇士也!”[③] 黄齐生以其同样不畏强权、不畏所谓学术权威的做法与态度，赢得了时人的广泛尊敬与

① 《爱国民主人士　贵州教育家黄齐生先生》，贵阳市档案馆，1998，第55页。

② 谢孝思：《黄齐生传略》，转引自贵阳市政协文史和学习委员会《师生忆达德》，1997，第39页。

③ 刘方岳：《随黄齐老见康有为先生散记》，转引自贵阳市政协文史和学习委员会《师生忆达德》，1997，第46页。此处的“师生二人”指黄齐生与刘方岳。

赞誉。

二是志不苟求的品格。东汉汉元帝时期，王昭君志不苟求，[①] 风骨凛然，成为一段佳话。在黄齐生与王若飞的舅甥交往中，却有一段故事和王昭君有神合之处。1931 年 10 月，王若飞在包头被捕。之后，转押到归绥（今呼和浩特市）“第一模范监狱”。11 月下旬，黄齐生不畏苦寒，到归绥探望并积极营救王若飞。经多方努力无果，黄齐生认为王若飞可能会遇难，就问王若飞“设有不讳，遗蜕何归?”王若飞从容作答：“一火了之。”黄齐生说：“若有可能，我将葬汝于昭君墓侧。”[②] 若飞一笑。在归绥等待若飞刑期时，黄齐生用二十元大洋在王昭君的“青冢”之畔买下墓地，绕墓成诗，云：“归化城南一棵坟，伤心人共说昭君；何颜省识春风面，土自昏黄草自青。敢道华夷是一家，边墙合种女儿花，君看环冢三千树，直到而今始放芽。”[③] 王昭君志不苟求的高洁品性，千年之后为黄齐生与王若飞一起传承，彪炳史册，让人叹息之余，均不由得对舅甥二人的品格感到高山仰止。

戴明贤先生在其《槿花楼头，梅竹双清——序谢孝思、刘叔华〈槿花楼诗文集〉》一文中记载了这样一个片段，当时因为国民党当局的迫害，黄齐生、谢孝思一起被迫先后潜入昆明避难，继而相偕入川，从事抗日爱国活动。谢孝思与黄齐生在荒山小店投宿，黄齐生买了酒与谢共饮，随口问谢：“今日有诗否”？谢孝思就把山行所得之一绝句念给黄齐生听：“一天风露湿衣裳，始觉他乡异我乡。四面空

---

① 南朝（宋）刘义庆《世说新语》载：“汉元帝宫人既多，乃令画工图之，欲有呼者，辄披图召之。其中常者，皆行货赂。王明君姿容甚丽，志不苟求，工遂毁为其状。后匈奴来和，求美女于汉帝，帝以明君充行。既召，见而惜之，但名字已去，不欲中改，于是遂行。”

② 谢孝思：《黄齐生传略》，转引自贵阳市政协文史和学习委员会《师生忆达德》，1997，第 34 页。

③ 《爱国民主人士　贵州教育家黄齐生先生》，贵阳市档案馆，1998，第 45 页。

蒙谁慰得？虫声唧唧桂花香。”这诗虽然文采极好，但是诗歌中的哀怨之气让黄齐生极为不悦，黄齐生严肃地批评谢：“简直唏嘘欲泣了！”语气极为严重。面对老师的批评，谢孝思陡然醒悟，知道这是一贯倔强不挠的老师批评他情绪低沉，“不觉下泪自责”。[①] 这个并不为许多人知晓的黄、谢之间师生交往的故事，却从一个侧面表现出了黄齐生正气凛然的士大夫风骨。

文艺是时代前进的号角，最能代表一个时代的风貌，“文变染乎世情，兴废系乎时序”。黄齐生诗歌中所流露出的知识分子气节和士大夫风骨，为老一辈革命家广为肯定。林伯渠 1946 年写成的《悼黄齐生先生》一诗中说：“山尘意趣似髯仙，文教蜚声卅载前。惊座骋谈饶正义，避秦亮节诩时贤。”[②] 陈毅元帅在 1946 年作的《哀黄齐生先生》中，更是用了较长的篇幅对黄齐生的文艺才能和如梅风骨给予了总结与肯定，诗云：“近代教育家，党化争高位，其专市门面，其志图饱醉。独夫喜独裁，教育聚以类。惟我黄石公，一心专作对，自愿伴清寒，硬骨傲权贵。黔省办达校，晓庄与陶会。卓育众英才，当局累见罪。黄公仍不屈，反抗更尖锐。踉跄走天涯，经年战颠沛。貌似太戈尔，诗笔苏陆味。矛翰创新格，颜欧能荟萃。尤其善辞令，雅健心肝肺。妙言欢四座，幽默多比譬。一心为人民，向前耻后退……”[③] 正如陈毅的评价一般，黄齐生用毕生心血，赋诗撰文、填词作赋，高扬为人民书写的文艺旗帜，以羸弱的一己之躯，在中国近代史中树立了一座让人仰视的人格丰碑。

斯人已逝，风范永存。正如中共中央当年悼念“四八烈士”的对联这样写到：“天下正多艰，赖斗争前线，坚持民主，驱除反动，不屈不挠，惊听凶音丧砥柱；看中流永痛，念人民事业，惟将悲苦，

① 戴明贤：《戴明贤集》第五卷，广西师范大学出版社，2016，第 200 页。

② 谢孝思：《黄齐生诗文选》，贵州人民出版社，1981，第 10 页。

③ 谢孝思：《黄齐生诗文选》，贵州人民出版社，1981，第 11 页。

化成力量，一心一德，势争胜利慰英灵。”① 黄齐生先生作为一名兼具传统文人气质与革命者情怀的知识分子，用自己饱含深情的笔墨，创作了无数针砭时弊、揭露黑暗、发人深省而又催人奋进的文艺作品。其诸多文艺作品中流露出的高风亮节与爱国情怀，气韵永在，流光不减。

如今贵州文艺界人士评价黄齐生，云“黄齐生的一生，与王若飞同样甚或更加多姿多彩。他从一个旧民主主义者、非政治倾向很浓的教育救国论者，走过曲折崎岖的道路，最后认定中共为国家希望之所系，终于以心相许，以身相殉……黄齐生是一个极其可爱的老头……谢老（指黄齐生学生谢孝思）说黄先生是贵州历史上第一流的人物，当之无愧”。② 这充分说明了黄齐生在贵州文艺界乃至贵州百姓中的重要分量。这种重要分量，与黄齐生在其诸多文艺作品中所流露出的，其实也是其革命的一生中流露出的君子风度与士大夫风骨是绝对分不开的。

习近平总书记指出，“文化是民族生存和发展的重要力量……在几千年的历史流变中，中华民族从来不是一帆风顺的，遇到了无数艰难困苦，但我们都挺过来、走过来了，其中一个很重要的原因就是世世代代的中华儿女培育和发展了独具特色、博大精深的中华文化，为中华民族克服困难、生生不息提供了强大精神支撑”。③ 无疑，黄齐生先生的文艺作品与其蕴藏和散发出的巨大力量，正是这种“强大精神支撑”的重要组成部分。黄齐生先生的文艺作品、文艺情怀与文艺精神必将与黔山秀水同在！

“诗文随世运，无日不趋新”，追昔抚今，贵州文艺走进了一个新时代，中国文艺也走进了一个新时代。学者陈寅恪曾云：“华夏民

① 贵阳市政协文史和学习委员会：《师生忆达德》，1997，第 57 页。

② 戴明贤：《戴明贤集》第五卷，广西师范大学出版社，2016，第 286 页。

③ 习近平：《在文艺工作座谈会上的讲话》，新华网，2015 年 10 月 14 日。

族之文化，历数千载之演进，造极于赵宋之世。后渐衰微，终必复振”，“终必复振”，是在什么时候复振？历来为诸多学者多有论述，而我们认为，随着中国人民文化自信的日益坚定，华夏民族之文化的复振，其实已经开始。我们畅想，在不远的将来，在中国文化的繁荣发展过程中，在继承和弘扬诸如黄齐生等爱国文艺家的文艺情怀与精神的过程中，中国人一定能创造出更多更好的“既能顶天立地，也能铺天盖地”的优秀文艺作品，为建设社会主义文化强国谱写和歌唱更为壮美的时代之歌！

第五章　黄齐生精神

习近平总书记在党史学习教育动员大会上强调：学党史、悟思想、办实事、开新局。我们要把习近平总书记的重要讲话精神运用到学习革命先辈、提炼革命精神、培育时代新人的实践中，作为重要指导和根本遵循。

作为“四八烈士”中的杰出代表，黄齐生的一生是奋斗的一生，是为国为民奔走奉献的一生。在凄风苦雨与疾风骤雨中成长、奋斗的黄齐生身上，展现了浓厚的爱国主义情怀，在他的身上，始终散发着强烈的爱国主义精神。他的爱国主义精神，本质上是多种精神元素的集合体，展现了中国近现代知识分子强烈的责任担当和感人至深的优秀品格；展现了中国革命先烈不怕牺牲、敢于胜利的革命英雄主义精神，万众一心、众志成城的精神，与民众并肩携手、勇猛奋进的团结奋斗精神。黄齐生的一生，始终以家国为重，在无数次危难关头，将自己的生死置之度外，视国家前途和民族危亡为最高责任，敢于奉献生命，充分展现了为了国家大我，不惜牺牲自身小我的精神。他始终坚定地认为，国家民族利益重于泰山，个人生命前途轻于鸿毛。因此，他与伟大光荣正确的中国共产党能保持始终肝胆相照、荣辱与共，成为载入中国共产党统战工作历史的重要人物和主要代表之一。黄齐生身上所凝聚和展现的丰富精神，是中华民族伟大精神谱系的重要来源和重要组成部分，也是我们今天永远值得充分汲取的思想之泉。

图 5-1 黄齐生故居
（摄于安顺市青苔堡，2021 年 11 月）

《中国共产党第十九届中央委员会第六次全体会议公报》指出："新民主主义革命时期，党面临的主要任务是，反对帝国主义、封建主义、官僚资本主义，争取民族独立、人民解放，为实现中华民族伟大复兴创造根本社会条件。在革命斗争中，以毛泽东同志为主要代表的中国共产党人，把马克思列宁主义基本原理同中国具体实际相结合，对经过艰苦探索、付出巨大牺牲积累的一系列独创性经验作了理论概括，开辟了农村包围城市、武装夺取政权的正确革命道路，创立了毛泽东思想，为夺取新民主主义革命胜利指明了正确方向。党领导人民浴血奋战、百折不挠，创造了新民主主义革命的伟大成就，成立中华人民共和国，实现民族独立、人民解放……"黄齐生在新民主主义革命时期，走上了追随共产党、拥护共产党的正确革命道路，并且和毛泽东、朱德、周恩来、陈毅、王若飞等老一辈无产阶级革命家结下了深厚的革命情谊，为党的事业做出了很大贡献。他的精神，是党领导的伟大人民的精神的重要展现。他在民族危亡之际、在党的领导下所作出的正确革命道路选择进而所展现出的为党、为国、为民始终无私奋斗的崇高品格，永远值得后人学习与追慕。

走进新时代，党中央号召，要勿忘昨天的苦难辉煌，无愧今天的使命，不负明天的梦想，以史为鉴、开创未来，为实现第二个百年奋斗目标、实现中华民族伟大复兴的中国梦而不懈奋斗。抚今追昔，黄齐生先生及诸多革命烈士在党的领导下艰苦卓绝，为了民族独立与人民解放而做出的杰出贡献及其在革命征程中所展现出的崇高精神，必将是永远矗立在中华文明史上的一座灿烂丰碑。

追慕先贤，服务当代。学习研究黄齐生一生高尚的人生追求、人生态度、人生目标、人生志向，总结归纳提炼黄齐生精神，对于用黄齐生精神开展青少年励志教育，培养新时代青少年和党员干部坚定信念、立志成才有着积极的意义；对于立足贵州实际、构建精神高地具有十分重要的作用；对于贯彻新发展理念，用新时代党的创新理论成果铸魂育人，努力培养堪当民族复兴大任的建设者和接班人具有十分重要的意义和价值。

第一节　黄齐生精神的归纳和提炼

习近平总书记在《之江新语》中曾指出，“学所以益才也，砺所以致刃也”。追慕先贤、学习先贤，是中华民族的传统美德。人无精神则不立，国无精神则不强。斯人已逝，学习先贤，最主要、最重要的就是学习先贤的崇高精神与高尚品德。在浩浩历史长河中，中国人才辈出，无数仁人志士“先天下之忧而忧，后天下之乐而乐”，在中国历史上树立了一座座光彩照人的人格丰碑。黄齐生先生无疑就是近现代中国历史中，让人值得追慕和学习的先贤，他的精神与品格，无疑也是中华民族的伟大丰碑。

中国旧民主革命到新民主革命的历史，是中国人民的一部奋斗史、精神史，凝结了大量红色记忆和红色基因。黄齐生艰难砥砺、教育救国、寻求真理、塞外行纪、向往光明，在战火纷飞的革命年代，他情系家国，追求民族复兴，探求报国之路，足迹遍及海内外，历尽了无数挫折和选择，最终走上了追随、拥护和爱戴中国共产党的人生道路。

在对黄齐生先生生平事迹、民主革命探索和教育思想等研究基础上，从黄齐生家书浸润历史的沧桑，从他寻常家信到狱中飞鸿，从他少年提笔到临终遗言，从他追随中华民族解放独立到他为民主革命光明道路献出自己宝贵生命，对其一生经历的相关文献史料进行整理，结合国家精神、民族精神、贵州精神的学习研究，我们可以尝试归纳提炼出黄齐生的伟大精神，可以用“博学笃志、上下求索、教育报国、爱党敬党”来总结黄齐生精神，这种精神的归纳提炼必将对推动爱国主义教育、厚植家国情怀有着积极的意义。

一　博学笃志

“博学笃志”出自《论语·子张》，“博学而笃志，切问而近思，仁在其中矣”。其含义就是博览群书广泛性学习，而且能坚守自己的志向，恳切地提问，多考虑当前的事，仁德就在这其中了。学是知与行的基础，无论是中国传统社会还是现代社会，“博学”都是每一个人的成才之道、为学之道。“博学”同时，“笃志”为要，志不立，则天下无可成之事。一个人如果同时做到了博学与笃志，那么他就必然能成就一番事业。黄齐生的一生，正是因为博学而锻造了基础，因笃志而壮丽了灵魂。“博学笃志”，成为黄齐生身上展现出来的重要精神。

勤奋苦读，切问近思。黄齐生幼时生活在清朝统治的晚期，是近代中国半殖民地半封建社会的形成时期，清朝统治力量开始极度衰落，西方列强迫使清廷签订了400多个不平等条约，以武力获得在华利益。老百姓生活在水深火热之中，民不聊生。在这样的环境下，要么自暴自弃、一蹶不振，要么奋发有为，心怀天下。黄齐生毅然地选择了后者，他生活在动荡积贫积弱的年代，在传统文化的熏陶中接受启蒙教育，他通过刻苦读书，不断提升自己的思想素养，树立了心怀天下、情系家国的志向。

黄齐生家境贫弱，但天生就是一个酷爱学习的少年，儿时受到其舅外公的影响，从读《百家姓》《三字经》开始，读遍了四书、五经、《资治通鉴》、《楚辞》以及《庄子》、《老子》和李杜诗篇，以及《西厢记》《水浒传》《三国演义》《红楼梦》等小说，同时还认真阅读了兄长黄干夫从贵阳带去的近代西方政治、哲学等书籍。① 在"义兴恒"当学徒时，商店老板陈萃五剥削成性，店堂、内室、厨房、厕所一应劳役都由黄齐生承担，老板稍不满意，就对黄齐生又打又骂。而且，四年学徒无分毫工资，"满师"后继续帮工四年，每月工资银四钱（可买三四斗米），且不按月发给。在这样恶劣的条件下，黄齐生依然背着老板偷偷学习，博览群书，从中国文学、历史到西方资产阶级政治学说，以及维新书刊，几乎无所不读。真正做到了博览群书，进而做到了"博学"，这样的学习态度与学习成果，使黄齐生的眼界大为开阔，学贯中西，能全面、科学地分析所面临的问题、所处的时局，也能不狭隘地看待时事，为他以后树立正确而开明的教育思想，乃至投身革命道路，奠定了丰富的知识基础。于此过程中，黄齐生于书中获取真知、于学习中明白事理，做到了"以史为鉴、以人为镜"，逐渐明白了许多奋发图强、振兴中华的人生道理。

在黄齐生的身上，有典型的中国士大夫的气质与风格。他志向高远，不为名利所动，他屡次拒绝所谓的高官厚禄的诱惑，甚至多次辞

① 肖钟：《黔籍教育家黄齐生与中华职教社》，《贵阳文史》2007年第3期。

官明志。他在达德学校积极开展新式办学；在遵义省立三中任校长，倡导男女平等，反对封建包办婚姻，解放学生思想；在上海交通大学被聘为训育主任，实施平民教育；在中华职教社昆山徐公桥乡村改进试验区任总干事，为学生宣讲民族精神等。黄齐生认为旧官僚、旧军阀都不能解救苦难的中华民族，当北洋政府和国民党政府给他任何高官厚禄时，都无法动摇他笃定的报国志向，先后多次辞官并被追捕，曾叹言“做官容易逃官难”，在诙谐与幽默之余，展露了黄齐生高尚的为人风格。

黄齐生通过读书明志，苦学成才，经历艰辛实践，探求真理。他做人先立志，博学是他树立远大志向的前提；黄齐生从心怀天下、情系家国，主张学习先进思想、教育救国，支持三民主义、革命救国，到接受马克思主义，坚信中国共产党才能救中国，他的远大理想从未动摇，博学而后笃志，笃志而后愈加博学，黄齐生终于成长为一个卓越的与时代同行，甚至引领时代的教育家与思想家。

二　上下求索

“惟我黄石公，一心专作对，自愿伴清寒，硬骨傲权贵……”“一心为人民，向前耻后退……”“我欲诉苍天，苍天殊聩聩。我欲探幽冥，幽冥亦昧昧。魂兮归延安，盛德应享配！最后一誓言，遗志永不废！最后一哀悼，典型永戴佩！最后一祷念，凶顽必崩溃！”

这首诗是陈毅元帅为“四八烈士”之一黄齐生烈士写的《哀黄齐生先生》，深切地悼念了这位一生平凡而又伟大的爱国民主战士。不论是偏居一隅在贵州，还是于战火纷飞中赴重庆、去延安，还是为了探索教育救国之路远赴江南、再临沪上，黄齐生作为当时的“一介书生”，却展现了极为昂扬的革命斗志，他终日奔波，为国为民，极少考虑自己的冷暖得失，甚至极少考虑自己的身家安危，他的一生，是将国家命运与苍生幸福置于“家”“我”之上的伟大一生。

艰难探索正确的人生道路。黄齐生生活的年代，是中国历史上的衰落和阴暗时期。历史的凄风苦雨和阴霾尘雾，始终笼罩在当时的中国。没落衰败的清王朝、军阀混战的北洋政府、腐败无能的南京政府，面对多灾多难的旧中国，黄齐生没有沉沦，反而奋起，他以一个传统知识分子的家国担当，奔走国是。他足涉海内外，寻找革命真理，参加革命实践。1917 年，黄齐生在日本率贵州学生参加爱国运动；1919 年，黄齐生在欧洲接触了马克思主义，积极支持共产主义主张和留欧学生活动；1927 年，黄齐生被反动当局解职，并以“接近共产党嫌疑，主张自由恋爱”等罪名被通缉；1929 年，黄齐生与陶行知创办晓庄师范学校，因该校学生有革命活动而被迫解散；1937 年“七七事变”后，黄齐生组织抗日救国会，宣传抗日。在国民党的迫害下，黄齐生流落昆明。由于国民党昆明当局对他排挤陷害，又被迫回到贵州。他冲破顽固派的阻挠，开展各种抗日宣传活动……黄齐生历经千难万险，虽九死而不悔。他面对各种风险，面对各种诱惑，始终坚定不移自己的革命之心，始终将救民于危亡作为自己的人生责任。他经历了旧民主主义革命和新民主主义革命两个时期，他在多地多处参加革命活动，历经千难万阻、奔走呼号，一直都在积极而艰难地探寻正确的人生道路。在他的人生道路上，他实现了个人的人生价值与社会价值的高度统一。

坚定中国共产党领导的革命道路。黄齐生奔走国是，追求真理，寻找光明，探求革命道路经历了无数苦难和磨砺。历史选择了中国共产党，在黄齐生追寻革命光明的时期，他长期在国民党统治区生活、活动，他对共产党有过疑惑、观察、信任、坚定的过程，经过长时间的革命考察，他认定中国共产党才是挽救中华民族的唯一可靠的政治组织，他认定中国共产党是人民的政党，必然具有光明和伟大的前途。所以，到延安考察后，黄齐生更加坚定了对共产党的信赖，他回到贵州，奔走全国，都始终不渝地将宣传共产党、引领百姓拥护共产党作为自己的使命，最终成为在共产党的艰难时刻支持共产党、爱护共产党的民主人士。

黄齐生从幼年时期的农村娃到受尽剥削的学徒工，再到商店的经理，学校的教师、校长，从开始的改良派到革命派，从相信三民主义到宣传支持共产主义，思想上逐渐成熟起来，他奔走海内外探索革命道路和革命真理的不平凡经历，折射出他坚忍不拔、民主正义、寻找光明的品格和追求，展现了黄齐生上下求索的精神。

三　教育报国

黄齐生终其一生，学而不厌，诲人不倦，尤其重视国民教育，把自己一生的学识、才干和情感都奉献给了他钟爱的教育事业。黄齐生以教育为职志，以为国为民为己任；提倡新的教育理念，创新教育方式，为社会培养了许多仁人志士，影响和引导身边的青年才俊和有识之士共同进步。引领了一代教育行风，也最终成为一名中国近现代杰出的教育家。

投身教育，矢志不渝。十年树木，百年树人。中国儒家学派极为重视教育，黄齐生主张教育救国根植于传统儒学思想。他幼年受到传统文化及教育思想和理念的影响，以仁德育民治国，力图以儒家思想来教育国民，提升民众素质、意识，以图报国救国。后来，黄齐生奔走多地，甚至留洋海外，眼界大开之余，教育理念和教育思想也得到了很大革新。他广泛汲取中西教育思想精粹，不因循守旧，接纳当时西方教育思想，中西结合，洋为中用，积极开展职业教育、乡村教育、平民教育。为尽快找到教育救国为民之路，黄齐生进行了艰苦卓绝的探索实践。他的教育救国为民之路发端于贵州，探索实践足迹遍布日本、法国、英国和国内诸省，被赞誉为“著名老教育家黄齐生先生”和“中国西南文明的老教育家黄齐生先生”。

20 世纪 30 年代，黄齐生与陶行知、黄炎培、晏阳初、梁漱溟等发起和开展的乡村平民教育达十余年之久，最可贵的是他矢志为教书育人而不改初衷的坚贞。辛亥革命后，贵州军政府任命他为交通部长，他毅然辞之；军阀周西成主黔，任命他筹饷总局长等职，又决然辞之。黄齐生不为权位、金钱所动，全身心投身教育，以“且守学堂当灌园”一诗明志，投身教育之心矢志不渝。[①] 黄齐生堪称贵州近现代最杰出、最有影响力的教育家，为贵州教育事业的一代宗师。在推进教育平民化、男女受教育权平等等方面做出了杰出贡献。而且，在他的教育思想中，很多理念至今都是教育界应当奉为圭臬的。他注重教书育人相统一，“卅年辛苦我何堪，不为积财不为官；为了此心真愿力，责任还从尔辈担”。在他的言传身教、身体力行和全心全意的帮助下，贵州的许多青年到海外求学或参加到民主革命斗争中。他成为当时贵州青年人追求进步的指路人和贵州教育界、思想界的一面进步旗帜。他始终爱生如子，将学生视为家人一般。特别是那些家境贫寒的学生，黄齐生对他们循循善诱、因材施教，课内课余都从不停顿地为他们讲解各种知识。他尽力说服亲朋、邻里、熟人中那些无力求学的儿童家庭，设法送子弟入学，并给予这些贫寒的孩子无私帮助。而且，他的教育思想纯粹而干净，他主张要自觉清除“拜金主义”“仕爵主义”等理念，潜心静气地研究学问，献身教育，报效国家。[②] 对培养学生的家国情怀言传身教，展现了一名教师和教育工作者的高尚品质。黄齐生在投身教育、兴学育人中展现出来的卓越品质与高尚精神，至今都应该是广大教育工作者应该汲取的思想之泉。

兼收并蓄，为国育才。黄齐生学无俗路，也教无定法。他的教育

---

① 王鸿儒：《黄齐生的教育生涯与教育思想——写在〈黄齐生传〉出版之后》，《贵州文史丛刊》1996 年第 3 期。

② 何小英、罗鸿染：《黄齐生教育实践和教育理念系统研究》，《系统科学学报》2020 年第 3 期。

理念主张兼容并包，他主张把普及教育、平等教育、社会教育、职业教育的理念带到中国传统教育的课堂，大力开办新式教育。他培育了以王若飞、袁咨桐、黄爱骧、严金操、蔡之璋等为代表的一大批人才，其先进教育理念也开花结果取得了成效。

黄齐生提出了“欲兴贵州，必先培养人才”的卓见，他尤其重视为贫穷落后的家乡贵州培育乡土人才，他在教育上倾注了毕生的心血和精力，培养了诸多的优秀人才，为国家、为教育做出了巨大的贡献，受到社会各界的高度评价和赞扬，展示了他教育报国的精神。人才观念在当今社会尤其重要，习近平总书记在 2021 年 9 月召开的全国人才工作会议上指出，“实现我们的奋斗目标，高水平科技自立自强是关键。综合国力竞争说到底是人才竞争。人才是衡量一个国家综合国力的重要指标。国家发展靠人才，民族振兴靠人才。我们必须增强忧患意识，更加重视人才自主培养，加快建立人才资源竞争优势”。人才是民族复兴的根本，在现当代，全社会特别是高等学校必须树立正确的人才观念，只有始终秉持为党育人、为国育才的教育理念，为国家繁荣与民族复兴多培养人才，才能彰显高等学校的教育价值。黄齐生先生的人才观念，是我们现当代树立正确的人才观与育才思想的重要镜鉴。

四　爱党敬党

黄齐生在逐步接受马列主义、共产主义后，发出了“谁束缚你？解放！谁压迫你？反抗！”的呼声，这是他发自内心的情感表露。1937 年冬，黄齐生在延安见到了毛泽东主席和党中央其他领导同志。对黄齐生多有了解的毛泽东主席，在延安多次接触黄齐生后，对黄齐生的评价更为中肯。他赞许黄齐生是共产党最艰难的时候党外人士同情、爱护党最早的一人。黄齐生是拥护中国共产党的爱国民主人士的杰出代表。

学习马列主义，洞悉革命真谛。为了支持进步学生追求真理，黄齐生把自己的所学所识都尽可能地传授给身边的有志之士和进步青年，甚至不惜为他们做饭、洗衣，为他们的学习成长提供便利。从达德学校到日本、法国、英国，许许多多信仰共产主义的青年才俊，都得到了他的帮助和支持。他曾对王若飞说过“我虽然不懂马克思主义，但相信你们的人生选择是对的”，“老先生的学生，有信仰三民主义的，有信仰无政府主义的，有信仰国家主义的，还有信仰法西斯主义的，但是只有信仰共产主义的，他觉得特别亲近，也特别器重”。

在接触到马克思主义的最初时期，黄齐生表达了他对马克思主义的信任，并竭尽全力给需要学习的学生提供帮助。1937 年初，他第一次到达中国革命圣地延安，开始勤奋学习马列主义典籍，理解了中国革命的真谛。1944 年底，黄齐生第二次赴延安。在陕北根据地，他如饥似渴地学习中国共产党的路线、方针、政策，他还深入乡村，实地参观访问，他在揭露国民党政府的腐败无能和法西斯专政的罪恶行径的同时，还把在解放区的所见所闻、亲身经历，向大后方的亲友、学生们大力宣传，并义正词严地说：“在这里的当局表示，是我介绍的，无不欢迎者，只要认识得清，愿意吃苦，尽可以开上履历寄飞（指若飞），一次不行可以二次。”在他的热情鼓励下，赴延安的青年颇不乏人。这时候的黄齐生已经完全接受了马克思主义。

坚定革命道路，拥护中国共产党。贵州国民党当局造谣说“共产党抗日不积极，团结无诚意”。黄齐生为此深感痛苦和不安，决心亲赴延安了解真相，以事实说明一切。1937 年 1 月，在延安，黄齐生在出狱后的王若飞的引导下到根据地各地参观，目睹了共产党、八路军和根据地人民的抗日救亡活动，受到了毛泽东等领导人的热情接待，亲耳听到了中共领导人的抗日路线和策略，亲眼看到了根据地军民的抗日热情和救亡工作，深受鼓舞。看到事实真相后的黄齐生回到贵州后，在校内外公开演讲，如实宣讲延安和贵州的实际比对情况，深刻揭露国民党蓄意破坏团结抗战、中伤共产党的各种谣言。国民党部扬言："黄齐生延安归来，大肆替共产党义务宣传。"黄齐生针锋相对地反讥："共产党抗日积极，有办法，我为之宣传，这确是我的义务。"在这期间，正值国共合作之初，由于国民党的封锁，很多人怀疑共产党抗战的态度，黄齐生竭力驳斥，极力宣传共产党抗日主张，表明自己对共产党的充分信任，坚决拥护共产党的抗战路线和方针。

1942年黄齐生到四川璧山正则艺专任文史教授，介绍了许多青年学生到陕北，并征集数十幅书画作品分赠毛泽东等延安同志。正当国统区民主运动日益高涨之际，重庆文化界、教育界举行盛大晚会，欢迎从桂林逃难到重庆的柳亚子先生。周恩来、王若飞也来参加晚会。黄齐生兴奋异常，当晚赋诗言志，在《沁园春》和柳亚子词中断言："民主如船，民权似水，水涨奚愁船不高?"怒斥国民党："看羊胃羊头，满坑满谷；密探密捕，横扰横骚。天道好还，物极必反，朽木凭他怎样雕?"表达了黄齐生对敌人的蔑视和对共产党领导革命胜利的信心①。至此，黄齐生成为拥护中国共产党的坚强战士。

黄齐生接触共产主义和共产党后，积极追随共产党，宣传共产主义思想和共产党的主张，和国民党反动派进行了不屈不饶的斗争，受到了共产党人的称赞，他拥护共产党、热爱共产党，展示了他爱党敬党的精神。

黄齐生追寻共产党、拥护共产党、宣传共产党，赞誉共产党的行为和风范，他和中国共产党的合作关系，是当代中国做好爱国民主统一战线工作的重要参考。在当前，政治协商、民主监督、参政议政是我国政治制度赋予各民主党派、无党派人士的基本职能。实践证明，民主党派、无党派人士是广泛开展协商民主的宝贵资源，

① 《黄齐生简介》，http://baike.sogou.com。

图 5-2 1942 年春，黄齐生到四川璧山正则艺专讲授文史，图为该校学生伍显清为黄齐生画的像（摄于贵阳市达德学校旧址，2021 年 11 月）

多党合作是一条畅通反映社情民意、表达群众利益和意愿、沟通党政群关系的重要渠道，也是一条团结推进社会各方面了解和贯彻党和国家方针政策、法律法规，同心同德共创伟业的重要渠道。教育界民主党派、无党派人士相对集中，大多具有中、高级职称，知名人士较多，他们不仅是学校学科建设带头人或教学管理骨干，在学校的建设与发展中发挥着重要作用，同时还拥有较强的参政议政能力和广泛的社会联系，在社会上也具有广泛影响，充分调动他们的积极性，发挥他们的独特优势和作用，不但对于推进学校层面的民主与科学管理、提高教学科研和人才培养质量、建设宽松与和谐的校园环境、扩大对外交流具有十分重要的意义，[①] 对于实施教育强国、人才强国、科教兴国等国家战略同样具有重要意义。黄齐生并不

① 朱虹、胡宇彬、周天娇、曾少武：《教育界党外代表人士的现状与作用发挥——基于孝感市教育界的调查》，《湖北职业技术学院学报》2013 年第 4 期。

是中共党员，但是他与中国共产党的合作关系，堪称中国共产党统一战线工作的光辉典范。

第二节　黄齐生精神的当代价值

黄齐生是著名的民主人士、教育家，中国共产党的亲密朋友。他终生勤奋好学、立志报国，他四处奔走、寻找革命真谛，他以教育为职志，讲究文行忠信，一生为学生、为民众着想，为国家、民族而奔波，黄齐生热爱共产党、拥护共产党、追随共产党，为广大青年和党员干部树立了追求真理和不懈奋斗的标杆和榜样，在当代中国、当今贵州，学习和宣传黄齐生精神具有特别重要的意义。

一　为坚持博学笃志寻找人生目标树立了标杆

一个人成才的路径有千万条，但是根本的路径是一致的，那就是离不开勤奋与上进。黄齐生用他独特的人生经历证明：知识改变命运、立志才能成才，这也是勤奋与上进的表现。黄齐生自幼家境贫弱，但酷爱读书，始终把学习放在第一位，如饥似渴地学习，泛观博取地学习，“学然后知不足”，通过学习不但可以净化灵魂，还可以扩展自己的眼界，明白自己的局限与不足。从这些书籍中，他获得了丰富的文化知识，增强了精神力量，为思想成熟打下了坚实基础；读书增长了人生阅历，为以后树立正确的人生目标打下了基础。他不被逆境打倒，坚持勤学苦读，博学笃志，成为学习的楷模，不管是面对艰难的环境，还是相对安稳的生活，他都笔耕不辍、手不释卷，堪称当代知识分子的楷模，也为广大青年坚持博学笃志、寻找人生目标树立了标杆。

青年时期是学习的黄金期，黄齐生的学习主要也在青年时期。黄齐生的成长经历，堪为当代青年成长学习的楷模。“一日难再晨”，当代青年应抓住青年这个黄金时期，勤奋学习，博学笃志。尤其是在知识更新日趋加速的今天，要想跟上时代发展的步伐，就必须不断学习，改变自己的知识结构，否则就要落伍，就会被时代淘汰。当代青年要像黄齐生那样，把学习作为一生必修课，坚持多读书、读好书，静下心来通读苦读精读，学懂弄通，从而保持思想活力，得到智慧启发，滋养浩然之气。并在读书与学习中不断拓展眼界、提升能力。

在贵州悟道的王阳明认为，志不立，则天下无可成之事。他从小就有成为“圣人”之志，终成一代心学宗师。立志，是中国传统社会文人士大夫普遍的人生修养必经之路。“有志者，事竟成”，“古之成大事者，不惟有超世之才，亦必有坚韧不拔之志”等，都是中国人强调立志之重要性的佐证和写照。习近平同志 2011 年 5 月到贵州大学视察，对大学生们谆谆教导，“我们的一切学习都是为了学以致用，中华民族连绵不断的五千年文化，是我们的自豪所在，一定要发扬光大，使之成为推动中华民族伟大复兴的巨大动力。学习国学的目的，不是为了把它当古董摆设，也不是食古不化、作茧自缚，而是要变成内心的源泉动力，做到格物穷理、知行合一、经世致用。大学生关键是要选定奋斗的目标，树立远大、正确、崇高的理想信念，并经历实践中的考验、磨练，虽九死而不悔，成为真正的坚定的志向”，都反复强调立志的重要性。要求贵州青年要向王阳明学习，将立志作为成才之道。

作为一名颇具典型意义的中国传统知识分子，黄齐生身处 100 多年前的旧中国，他饱读诗书，学养丰厚，在对中国传统文化认真传习的过程中，一次次领悟了中国人强调立志求道的重要性，并也自始至终为实现挽救民族危亡的大志向而不懈努力、英勇奋斗。他为国奔走、为国牺牲，一生在教育、文学、艺术等方面卓有建树。斯人已逝，但其自小而老始终“树雄心、立大志”的高尚品格，永远值得我们学习借鉴。当代青年应以黄齐生为标杆，坚持博学笃志，把自己的人生目标与当前所处的时代紧密联系在一起，立下雄心壮志，为国家强盛而学习。实现中华民族伟大复兴的中国梦，需要一代又一代有志青年努力奋斗，因此，当代青年要在勤学苦练上下功夫，以国家富强、人民幸福为己任，胸怀理想、志存高远，积极投身中国特色社会主义伟大实践，并为之奋斗终生。为了实现这一目标，在我们青少年的“拔节孕穗期”，要把培育和践行社会主义核心价值观落小落细，要教育他们与时代同向同行，树立正确的人生志向，做有渊博学识、有精明才干、有远大理想的社会主义建设者和接班人，做担当中华民族复兴大任的时代新人。

二　为坚持上下求索追求革命真理提供了示范

黄齐生在迷茫中寻真理，在迷途中找道路，最终找寻到共产主义这一指路明灯。他追求民族独立，致力于民主革命，在国外接触并接受了马克思主义，与中共早期党员周恩来等人亲密接触支持办刊，参加抗日救亡运动；他目睹了军阀和国民党反动派的腐败，支持王若飞等进步青年和有志之士信仰共产主义；袁咨桐就义和王若飞被捕，使他对共产党人的事业、追求和牺牲精神有了更深的理解；在中国革命艰难时刻两赴延安、坚定拥护和宣传共产党的感人事迹。黄齐生行走海内外上下求索，不断追求革命真理的探索和实践，为当代青年和党员提供了示范。

理想信念是照亮前路的灯塔。一个人面对风霜雪雨，初心如磐、意志如铁；一个人走过千山万水，精神昂扬、意气风发，就必须树立坚定的理想信念。在那个内忧外患、战乱频繁、民不聊生的至暗时刻，黄齐生为了找到挽救民族危亡、安定国家动乱、追求民族独立的道路，几十年间，每到一处，都苦苦寻觅，这一切都源于他对中国革命光明前途的坚定信念和不懈追求。在今天这个热火朝天的和平建设年代，黄齐生依然为新时代的建设者追求真理提供着示范。当代青年要实现国富民强、全面小康的宏伟愿景，应该以黄齐生为榜样，艰苦创业、不懈奋斗。“功成不必在我，功成必须有我。”不忘初心，牢记使命，守必坚，攻必克，在追求真理的道路上永不停步，不断坚定自己的革命意志，成为建成社会主义现代化强国的中坚力量。历史与现实告诉我们，任何伟大事业的成功都不可能是一蹴而就的，都必须面对无数的艰难困苦甚至风险挑战。中华民族要实现伟大复兴，必须要全国人民共同培育越是艰难越向前的奋斗精神。黄齐生先生在极为艰险的时代和社会中，甚至经常面临死亡的威胁，他多次于流亡途中对国家的未来无限憧憬，也多次在失败的边缘始终对未来的胜利充满信心，黄齐生先生这种乐观、豁达、奋发向上的革命斗志，堪称楷模。艰难困苦，玉汝于成。不屈不挠的精神是战胜前进道路上一切艰难险阻的力量源泉。黄齐生在寻找共产主义和共产党的道路上遭受到多次打击和阻扰，依然不放弃，信心不变，最终找寻到共产主义这一指路明灯，成为共产党的挚友，这些都源于他不屈不挠的精神和意志。新发展阶段，我们面对的风险挑战更多，遭受到的挫折和打击更甚，但越是在艰难困苦面前，越是要坚定理想信念，越要有奋勇向前的精神和气概，越是要有愈挫愈勇的毅力和斗志。黄齐生上下求索的精神是鼓舞我们前行的力量。

三　为坚持教育报国培养时代新人打造了样板

黄齐生作为著名的教育家，一生致力于教育事业，为教育而奔走、为育才而呐喊。他毕生钟情教育，积极投身平民教育、乡村教育与职业教育，使贵州教育面貌焕然一新；他倡议达德学校加办女学，力行“有教无类”，聘请董德莹女士在达德学校任教；他克服重重困难，抚养、教育、引导外甥王若飞走上革命道路，他呕心沥血为贵州培养了王若飞、袁咨桐、王景任、谢孝思等大批优秀人才；他告诫王若飞等要把天下兴亡的重担肩负起来。黄齐生不仅是一位“传道、授业、解惑”的教师，亦是为国斧造栋梁的大匠。黄齐生坚持教育报国、培育时代新人的实践，以及对“立德树人”教育理念的坚守，至今仍然是值得我们景仰与学习的。

百年大计，教育为本。黄齐生一生都不忘教育报国、教育兴邦。教育兴则国家兴，教育强则国家强。建设教育强国是中华民族伟大复兴的基础工程，党和国家事业发展对教育的需要、对科学知识和优秀人才的需要越来越迫切。要实现“两个一百年”奋斗目标，实现中华民族伟大复兴中国梦，归根到底靠人才、靠教育。“十三五”时期，在习近平总书记的坚强领导下，我国教育各项事业实现长足发展，到 2020 年底，全国共有中小学幼儿园 51 万所，在校、在园的学生总数达到 2. 26 亿人，国家财政性教育经费支出占 GDP 比例连续 8 年保持在 4% 以上，这样的数字，见证着我国教育不平凡的发展历程，勾勒出通过知识改变命运、通过教育创造美好生活的图景，也再次印证了黄齐生“教育报国、教育兴邦”理想的正确性。

发展教育、振兴教育是中华民族伟大复兴的必然路径选择。建设教育强国是中华民族伟大复兴的基础工程，而高等教育是国家发展水平和发展潜力的重要标志。2019 年 3 月 18 日，在全国的学校思想政治理论课教师座谈会上，习近平总书记强调：“新时代贯彻党的教育方针，要坚持马克思主义指导地位，贯彻新时代中国特色社会主义思想，坚持社会主义办学方向，落实立德树人的根本任务，坚持教育为人民服务、为中国共产党治国理政服务、为巩固和发展中国特色社会主义制度服务、为改革开放和社会主义现代化建设服务，扎根中国大地办教育，同生产劳动和社会实践相结合，加快推进教育现代化、建设教育强国、办好人民满意的教育，努力培养担当民族复兴大任的时代新人，培养德智体美劳全面发展的社会主义建设者和接班人。”习近平总书记的重要讲话为办好新时代中国特色社会主义教育指明了方向、提供了根本遵循。教育要服务于社会、教育必须和社会相结合，教育必须为社会主义现代化建设服务，这是当代教育的必然内涵，也和黄齐生所倡导的教育必须要服务社会的教育观念一脉相承。因此，黄齐生所倡导的很多教育理念实则具有与时俱进的品格，在今天仍然具有重大意义。

着力培养担当民族复兴大任的时代新人，是中国特色社会主义进入新时代的迫切要求。其中蕴含的思想是教育必须服务于社会，人才必须服务于时代发展，这是对黄齐生教育思想的继承和深化，黄齐生的教育思想对当今教育发展依然具有重大的借鉴意义。

四　为坚持爱党敬党宣传党的主张树立了榜样

黄齐生紧紧跟随共产党，他一生拥戴共产党，是中国共产党最亲密的朋友和伙伴。黄齐生是无党派人士，但一点也不妨碍他对共产党的敬仰和爱戴。他为人正直，热爱祖国，支持和爱护中国共产党，目睹当时旧中国的各种黑暗丑恶现实，厌恶腐败政府的腐败统治，他同情和佩服共产党，在抗日战争时期，黄齐生积极投入抗日救亡活动，两次亲赴延安，走访期间到学校、各界组织和团体甚至修筑工地和农村开展共产党抗日救国的激情宣讲，向外界介绍宣传共产党的抗日民族统一战线，驳斥国民党当局对共产党的无耻污蔑。通过实地考察和亲身体验，他深切地认识到只有共产党才能救中国，只有在共产党的领导下，一切社会团体和组织才能发挥真正的革命救国作用。抗战胜利以后，他积极响应共产党的号召，奔走于重庆和延安之间，为革命奔走呼喊，竭尽全力，最终贡献了自己的生命。

万山磅礴必有主峰，千川奔腾必有主流。黄齐生虽为无党派人士，但他依然爱党敬党拥护中国共产党，积极参与共产党的革命活动，并在中国共产党的引导下，同心同向同行。一个国家要建设发展，一个民族要进步，就必须要有一个“主心骨”，中国共产党是中华民族当之无愧的主心骨，这既是历史的选择，又是人民的选择。当代青年要向黄齐生学习，坚信只有共产党才能够救中国，切实提高政治站位，始终保持政治定力，爱党敬党拥护党，切实树牢“四个意识”，坚定“四个自信”，做到“两个维护”的思想自觉行动自觉，做习近平新时代中国特色社会主义思想的坚定信仰者和忠实实践者。

在革命战争年代，黄齐生积极响应共产党的号召，奔走于重庆和延安之间，为宣传党领导的革命活动奔走呼喊，他这种心怀家国、舍我其谁的精神值得当代青年学习。广大党员干部要学习黄齐生爱党敬党的精神，坚持守土有责、守土负责、守土尽责，树立忠诚是为政之魂、干净是立身之本、担当是成事之要的意识，在党言党、在党忧党、在党为党，满怀激情地投入到高质量发展的实践中去，让习近平新时代中国特色社会主义思想进入田间地头，飞入千家万户，坚决当好习近平新时代中国特色社会主义思想的播种机。

第三节　学习宣传黄齐生精神的路径选择

人无精神则不立，国无精神则不强。精神的力量是无穷尽的，引领人昂扬向上，感召人发愤图强，激励人勇毅前行。我们党历来重视对典型人物的学习宣传，对时代精神的弘扬。“博学笃志、上下求索、教育报国、爱党敬党”的黄齐生精神是革命先辈给我们留下的宝贵精神财富，对于青年教育和励志培养有极大的帮助，对于培养中国特色社会主义事业的建设者和接班人，有着十分重要的意义。选择和把握好学习宣传黄齐生精神的路径，是学习、继承黄齐生精神的关键所在。

一　把学习宣传黄齐生精神与“四史”教育结合起来

学史明理、学史增信、学史崇德、学史力行。习近平总书记指出，“我们党历来重视党史学习教育，注重用党的奋斗历程和伟大成就鼓舞斗志、明确方向，用党的光荣传统和优良作风坚定信念、凝聚力量，用党的实践创造和历史经验启迪智慧、砥砺品格”。学习黄齐生精神要放在“四史”学习的大背景下进行。

一是要学习黄齐生的革命追求。坚定的理想信念是黄齐生参与革命活动的内在因素，是他辗转各地、四处宣传共产党主张的原动力。黄齐生为了找到挽救民族危亡、追求民族独立的理论，上下求索，为中国革命献出了生命。黄齐生是追求真理、追随共产党的典型人物之一，他的革命追求和革命理想是当代青年需要学习和宣传的。我们学习“四史”，就是要学习以黄齐生为代表的革命先辈的革命追求，学习他们为追求革命真理不懈奋斗的精神。

二是要学习宣传黄齐生的坚定立场。抗战爆发后，黄齐生两次考察延安，逐渐认识到共产党的领导才是夺取抗战胜利的希望，共产主义才是中国革命的指路明灯，由此坚定了黄齐生民主革命的立场。我们学习黄齐生精神，就要学习他战胜重重困难、克服艰苦的自然条件、突破层层的社会束缚、跨越个人的思想局限的精神，无论风云怎么变化，依然坚持初心，立场坚定，旗帜鲜明，矢志不渝地做中华民族伟大复兴“中国梦”的积极倡导者、热情拥护者和全程实践者。

三是要学习宣传黄齐生的忠诚担当。黄齐生在国民党反动派白色恐怖笼罩的环境和条件下，坚持宣传共产党和共产党的革命斗争，宣传共产党的革命主张，不因敌人凶残而改变立场，这些都说明他对党的忠诚和担当。实现中华民族伟大复兴，需要党员干部勇于忠诚担当，积极主动作为。我们学习黄齐生这种忠诚担当的品质，就是要以强烈的政治责任感和历史使命感，以坚忍不拔的意志和无私无畏的勇气战胜前进道路上的一切艰难险阻，在党言党、在党忧党、在党为党，忠诚是为政之魂、干净是立身之本、担当是成事之要，努力成为忠诚干净担当的好干部。

二　把学习宣传黄齐生精神与新时代贵州精神结合起来

习近平总书记在参加党的十九大贵州代表团讨论时提出了“团结奋进、拼搏创新、苦干实干、后发赶超”的新时代贵州精神，这是习近平总书记对贵州各族人民的关心和厚爱，亦是贵州各族干部群众涤旧气、求革新，砥砺前行、赶超跨越，倾心把文章写在贵州大地上的生动写照，更是全省人民决战脱贫攻坚、全面实现乡村振兴、续写新时代贵州发展新篇章的强大精神动力。新时代贵州精神是贵州人民宝贵的精神财富和精神力量，黄齐生精神中也有许多新时代贵州精神的元素和特征，在学习新时代贵州精神的同时，学习黄齐生精神有着新的时代意义。

一要像黄齐生那样充满革命激情。良好的精神状态，是做好一切工作的重要前提。只有激情充沛，才能保持对工作的热情，才能不惧怕工作中遇到的困难。我们面对困难，更面对机遇，很多时候，困难恰如铺路石，而非绊脚石。能化困难为机遇的人才是睿智的勇士。我国正在以高质量发展统揽全局，当代青年和党员干部都应该像黄齐生那样对革命和生活充满激情，不断叫醒自己沉睡的大脑，让自己的心身都充盈着源源不断的力量，全力以赴，提升精气神，创造出无愧于时代和人民的业绩。

二要像黄齐生那样坚定必胜信念。坚定的理想信念能催人奋进、自强不息，能使人遭遇坎坷但依然激情澎湃。黄齐生在遇到困难和打击时依然不屈不挠，是因为他坚信革命必将取得胜利。贵州这片广袤的崇山峻岭之中，始终蕴含着一种精神力量，这种精神力量不断地历练着这片土地上的人民从贫瘠走向温饱，从温饱走向小康，续写贵州人民战胜贫穷与落后的光辉篇章。贵州的历史，从来都是一部与天斗、与地斗的奋斗史，是坚定必胜信念的历史。当代青年和党员干部要像黄齐生一样使命不忘，激情不衰，见难而起，遇挫而奋，撸起袖子加油干，让自己的青春在奋斗中绽放炫目的光彩。

三要像黄齐生那样保持昂扬斗志。昂扬斗志能给人以鼓励，给人以自信和力量；昂扬斗志能使人勇敢，给人知难而进的勇气；昂扬斗志能使人成熟，在失败中不断总结经验和教训。从贵州的发展历程可以清晰地看到，长期以来生活在相对艰苦的环境中的贵州百姓，想要获得生存和发展的机会，就要保持昂扬的斗志，付出比平原地区的人民更多的努力和汗水。保持昂扬的斗志，自力更生、艰苦奋斗始终是贵州人民内心固有的精神力量源泉。黄齐生面对敌人的恐吓，毫不畏惧，保持战斗姿态。当代青年和党员同志都应该铁肩担道义，打铁必须自身硬，要继续练好“内功”，继续改革创新，面对胜利不骄傲不急躁，面对困难不消沉不动摇，在各种风险和困难的考验面前保持旺盛的斗志。

三　把学习宣传黄齐生精神与推动贵州经济社会发展结合起来

学史明今，把学习与推动发展结合起来。学党史、悟思想、办实事、开新局，就是要推动经济社会的高质量发展，要坚持一切为了人民，一切依靠人民，始终把人民放在心中最高的位置，使人民在建设发展中得到实惠。我们学习宣传黄齐生精神，要把学习成果转化为推动贵州经济社会发展的动力。

一是要贯彻落实好习近平总书记的“四新”要求。2021 年 2 月 3 日至 5 日，习近平总书记在贵州考察调研期间，提出希望贵州在新时代西部大开发上闯新路，在乡村振兴上开新局，在实施数字经济战略上抢新机，在生态文明建设上出新绩，努力开创百姓富、生态美的多彩贵州新未来。习近平总书记的“四新”要求，是贵州当前和今后发展的总遵循、总纲领、总指针，当代贵州青年和党员干部要按照“四新”的要求，以“敢为天下先”的巨大勇气，勇当新时代西部大开发的“孺子牛、拓荒牛、老黄牛”，黄齐生精神反映出来的就是这种“三牛”精神，我们就是要发扬这种精神，在绿色发展、扩大开放、推动高质量发展上闯新路。

二是贯彻落实好贵州省委“一二三四”工作思路。贵州省委十二届八次全会提出“十四五”时期贵州省发展的“一二三四”总体思路，“一”是以高质量发展统揽全局，“二”是牢牢守好发展和生态两条底线，“三”是深入实施乡村振兴、大数据、大生态三大战略行动，“四”是大力推动新型工业化、新型城镇化、农业现代化、旅游产业化。“一二三四”的总体思路明确了“十四五”期间贵州经济社会发展之路，也给贵州青年和党员干部指出了奋斗的方向。发展不足仍是贵州最大的问题，加快发展仍是贵州最大的任务。贵州新时代的青年和党员干部，依然要像黄齐生那样，上下求索、不屈不挠、拼搏创新，认真贯彻落实省委“一二三四”工作思路，使贵州建设发展的各项任务得到落实。

三是要提高“政治三力”做忠诚干净担当的好干部。在2020年12月24日至25日中共中央政治局召开的民主生活会上，习近平总书记要求广大党员干部要不断提高政治判断力、政治领悟力、政治执行力，做忠诚干净担当的好干部。提高“政治三力”，就是要增强“四个意识”、坚定“四个自信”、做到“两个维护”，这是新时代领导干部锤炼政治能力的必然要求。我们的党员干部担负着一定的政治责任，因此必须学会科学研判形势、养成战略思维、突出问题导向，增强政治敏锐性和政治鉴别力，坚定正确政治方向、明辨行为是非，解决“看清楚”的问题，从而不断地提高政治判断力；要善于科学领会党中央的决策部署，科学甄别各种错误思潮、错误观点，把党中央精神学深悟透，领会精神实质，掌握立场观点方法，解决“想明白”的问题，从而不断地提升政治领悟力；要强化政治担当，经常同党中央决策部署对标对表，及时校准偏差，练就真本领，具备创新思维，解决“干到位”的问题，从而不断地提升政治执行力。站在

“两个一百年”奋斗目标的历史交汇期，我们的党员干部更应该敏锐发现和牢牢地抓住用好重要战略机遇期、脱贫攻坚成果巩固期、新发展格局加速构建期、区域发展战略叠加带动期、西部陆海新通道加快建设期的“五大机遇”，乘势而上，把贵州经济社会发展推向一个新的高度。

追古抚今，回看历史，我们应珍惜无数前辈先烈用生命和鲜血换来的今日幸福生活，我们要学习宣传和弘扬黄齐生精神，铭记历史，牢记初心使命，主动担当作为，用实际行动为实现伟大的中国梦拼搏奋斗，做担当民族复兴大任的时代新人。

革命先烈永垂不朽！我们会永远铭记你们！

参考文献

《1901达德诞生记》，《贵阳文史》2010年第3期。

安顺市王若飞故居管理处：《王若飞故居》，2016。

安顺西秀区教育志编纂组：《安顺西秀区教育志》，贵州人民出版社，2006。

《百年人瑞谢孝思》，汕头大学出版社，2004。

查继玺：《教育谈丛》，汕头大学出版社，2004。

陈泽渊：《从档案看王若飞和他的舅父黄齐生》，《档案工作》1992年第3期。

《爱国民主人士　贵州教育家黄齐生先生》，贵阳档案馆，1998。

陈政绍：《辛亥革命的性质及历史意义》，《南方论刊》2011年第10期。

戴明贤、李晓：《石公黄齐生——黄齐生的故事》，安顺经济技术开发区，2018。

戴明贤、孙凤岐：《南明河：昨天的故事》，贵州人民出版社，2007。

范同寿、熊宗仁：《贵州抗日救亡运动史》，贵州人民出版社，1986。

高鑫：《高鑫电视艺术文集》，作家出版社，1999。

贵阳市社会科学界：《耕耘的犁痕》，贵州人民出版社，2014。

贵阳市政协文史和学习委员会：《贵阳历史人物传略》，贵州人民出版社，2011。

贵阳市政协文史和学习委员会：《贵阳文史资料选粹》，贵州人民出版社，2006。

贵阳市政协文史和学习委员会：《纪念著名教育家凌秋鹗》，2003。

贵阳市政协文史和学习委员会：《师生忆达德》，1997。

贵阳志编辑委员会：《贵阳志资料研究》1986 年第 9 期。

贵州旅游文史系列丛书编委会：《贵州旅游文史丛书·红花岗卷·名城胜迹》，贵州人民出版社，1997。

贵州省安顺市政协：《乡愁家园——安顺传统村落实录》，贵州人民出版社，2018。

郭长智、史继忠、何静梧：《贵阳城市发展史》，贵州人民出版社，2003。

何静梧：《贵阳历史研究》，贵州人民出版社，1996。

何小英、罗鸿染：《黄齐生教育实践和教育理念系统研究》，《系统科学学报》2020 年第 3 期。

洪治纲主编《梁启超经典文存》，上海大学出版社，2003。

黄经伟：《扬州现代诗抄》，中国旅游出版社，1986。

《黄齐生与安顺幺铺青苔堡》，安顺经济技术开发区文体广电旅游局，2017。

黄万机：《贵州汉文学发展史》，贵州人民出版社，1999。

黄万机：《黄齐生诗词浅论》，《贵州社会科学》1982 年第 4 期。

黄中模：《毛泽东咏雪词——〈沁园春〉词话》，山西人民出版社，2004。

鉴真：《贵州著名教育家、毕生追求光明的民主战士——黄齐生》，《贵州档案》1996 年第 6 期。

金城：《为党交游六十年——金城文集》，华文出版社，2008。

金中：《革命先烈诗文故事》，新疆生产建设兵团出版社，2012。

雷文进：《“二十一条”签订始末》，《兰台内外》2012 年第 2 期。

李春雷、史克己：《赤光·留法勤工俭学运动纪实》，河北大学出版社，2010。

李光斗：《陈毅的一首轶诗：〈哀黄齐生先生〉》，《江淮文史》1995 年第 6 期。

李木庵：《瑶台诗话》，湖南人民出版社，1984。

李慕楠、高永立：《中国教育名家成长故事》，安徽人民出版社，2012。

李石涵：《怀安诗社诗选》，陕西人民出版社，1980。

李泽厚：《美的历程》，三联书店，2009。

林开良、林朝晖：《贵州教育溯源》，贵州人民出版社，2006。

灵性华章黔中编写组：《灵性华章·黔中》，贵州人民出版社，2010。

刘杰诚主编《四八烈士》，中央文献出版社，2016。

马骏杰：《黄齐生王若飞：千古两舅甥》，《名人传记》2007 年第 12 期。

毛泽东：《毛泽东选集》第四卷，人民出版社，1991。

钱家楣、隗芾：《钱来苏诗选》，时代文艺出版社，1985。

谭佛佑：《从学徒到新教育的伟大先驱者——黄齐生先生教育实绩述评》，《人口·社会·法制研究》2016 年第 Z2 期。

王鸿儒：《黄齐生传》，贵州教育出版社，1995。

王鸿儒：《黄齐生的教育生涯与教育思想——写在〈黄齐生传〉出版之后》，《贵州文史丛刊》1996 年第 3 期。

王若飞：《对于过去所受母校教育的印象》，《贵州文史丛刊》1981 年第 1 期。

王蔚桦:《黄齐生与王若飞》，贵州教育出版社，1996。

王蔚桦:《努力塑造时代的风云人物》，《理论与当代》1997 年第 5 期。

习近平:《在文艺工作座谈会上的讲话》，新华网，2015 年 10 月 14 日。

肖钟:《黔籍教育家黄齐生与中华职教社》，《贵阳文史》2007 年第 3 期。

谢孝思:《〈黄齐生先生〉序》，贵阳市档案馆，1998。

谢孝思:《黄齐生（续）》，《贵州文史丛刊》1981 年第 2 期。

谢孝思:《黄齐生诗文选》，贵州人民出版社，1981。

杨泉福:《哲人的心灵对话·中外名人书信大全》，陕西人民出版社，1989。

余吉华:《贵阳老照片——城廓·名胜·古迹·社情》，贵州人民出版社，2003。

张克:《毕竟播溪我辈师》，《贵州文史天地》1996 年第 3 期。

张人凤:《张元济与中国近代图书馆事业》，上海科学技术文献出版社，2014。

张笑尘:《回忆贵阳私立达德学校》，载《贵州文史资料选辑 7》，贵州人民出版社，1981。

张元济:《张元济全集》第三卷，商务印书馆，2007。

张岳秀:《沂蒙之光诗词选》，山东人民出版社，1998。

张子斋:《张子斋文集第三卷·反戈集》，云南民族出版社，1990。

中共代表团编《飞延遇难诸先生事略》，1946。

中共贵州省委:《中共贵州省委关于制定贵州省国民经济和社会发展第十四个五年规划和二〇三五年远景目标的建议》，2020。

中共中央文献研究室:《毛泽东书信选集》，中央文献出版社，2003。

中国革命博物馆:《革命烈士遗书选》,贵州教育出版社,1997。

中国现代教育家传编委会:《中国现代教育家传》,湖南教育出版社,1988。

重庆社会大学育才学校校史研究会:《大后方青年运动参考资料——重庆社会大学》,重庆出版社,1984。

朱鸿召:《众说纷纭话延安》,广东人民出版社,2001。

朱适:《星汉灿烂》,中国青年出版社,1981。

宗白华:《艺境》,北京大学出版社,1999。

邹联克:《圆满收官增信心,精彩开局谱新篇,加快推进新时代贵州教育高质量发展——在2021年全省教育工作会议上的工作报告》,2021。

遵义市政协文史与学习委员会:《遵义文史·老遵义的记忆》,2012。

遵义市政协宣教文卫委员会:《遵义文史(十三)·遵义民国文化人物》,2007。

遵义市政协宣教文卫委员会:《遵义文史·遵义掌故(二)》,2000。

遵义市政协文史资料委员会:《遵义文史资料(第二十二辑)》,1992。

遵义县政协文史委员会等:《遵义县革命文化史料选·壮歌行》,1992。

后　记

有余力，则学文。有余力，则学史。古人云："以铜为镜，可以正衣冠；以史为镜，可以知兴替；以人为镜，可以明得失。"四顾中国，山河壮丽。回望历史，风云激荡。当我们将研究的目光投向中国的近现代，投向多彩的贵州高原时，一个伟岸的身影向我们徐徐走来……

经过一个多世纪的跋涉，我们在学习研究中努力地、用心地与黄齐生先生用心灵与文字对话。洛阳花、梁园月、烈士魂……在追寻历史的每个细节中，我们真正深刻地感受到了那句"今天的幸福、美好生活是无数革命先烈用生命和鲜血换来的"的分量和意义！我们更加为黄齐生、王若飞的"千古舅甥情"所撼动！历经两年多时间，在这个"秋来时霜露黄花会"的季节，《黄齐生研究》一书终于完稿。黄齐生是贵州走出去的一位兼具传统文人气质和革命主义情怀的近代教育家、爱国民主人士。毛主席称赞他是共产党最艰难的时候党外人士同情、爱护党最早的一人。在学习研究黄齐生的过程中，我们写作研究组的同志深感：黄齐生于特殊时代背景下形成的崇高精神与丰富思想，是贵州引以为傲的宝贵文化财富。

黄齐生先生是贵州先贤与中国革命先烈的杰出代表，他"博学笃志、上下求索、教育报国、爱党敬党"的精神体现了"明明德，亲民，止于至善"的大学之道。抚今追昔，鉴往思来，吾辈当赓续红色血脉，践行新时代贵州精神，学习先贤，务本致用！作为新时代的高校学者，我们更要学习、践行黄齐生精神，倾心把文章写在祖国大地上！完成这部著作并非易事，我们要感谢中共贵州省委宣传部的大力支持与关心。同时，我们也得到了很多友人、革命烈士后代、学者的关心和帮助。首先要感谢王若飞烈士之孙王强大校以及黄齐生烈士的侄孙媳陈复君教授，他们在北京接受了我们的访谈，回忆了当年和黄齐生在延安等地相处的点滴以及家族往事，提供了很多珍贵历史资料，并给人启发。同时要感谢安顺市从事黄齐生研究多年的专家学者，他们向我们提供了很多帮助和第一手资料。还要感谢高勇、胡兴灿、林蔚、谢仁生、夏雍、巫敏、邓毓政、郑伟、胡德慧、杨欣欣、慕雨容、陈兴、李芹芹等领导、老师和同学在写作研究过程中提供的无私帮助。另外，本书撰写过程中，我们参考了很多前辈时贤及学者的研究成果，并在行文中尽量标明了出处，但必然疏漏难免，恳请谅解。

黄齐生先生风范非常，风骨铮铮。我们作为后学之辈，学识尤浅，笔触尤稚，故写作之时，每感词穷句拙，研究之得实不堪描述先生之精神、之气概万一。一念至此，我们总觉惶恐万分。

成书仓促，字有尽而意无尽。黄齐生先生之事迹与精神，是值得我们永远学习、研究、弘扬和追慕的。

著 者

2022 年 1 月于筑城阿哈湖畔

图书在版编目(CIP)数据

黄齐生研究 / 贺梦依等著 . --北京：社会科学文献出版社，2022. 11

ISBN 978-7-5228-0640-2

Ⅰ. ①黄… Ⅱ. ①贺… Ⅲ. ①黄齐生（1879-1946）-人物研究 Ⅳ. ①K825. 46

中国版本图书馆 CIP 数据核字（2022）第 157696 号

黄齐生研究

著　　者 / 贺梦依　曾　羽　袁小松　张　艳

出 版 人 / 王利民
责任编辑 / 张　超
责任印制 / 王京美

出　　版 / 社会科学文献出版社 · 皮书出版分社（010）59367127
地址：北京市北三环中路甲 29 号院华龙大厦　邮编：100029
网址：www. ssap. com. cn
发　　行 / 社会科学文献出版社（010）59367028
印　　装 / 三河市龙林印务有限公司

规　　格 / 开 本：787mm× 1092mm　1/16
印 张：14. 25　字 数：192 千字
版　　次 / 2022 年 11 月第 1 版　2022 年 11 月第 1 次印刷
书　　号 / ISBN 978-7-5228-0640-2
定　　价 / 89. 00 元

读者服务电话：4008918866